朱家泓 著

抓住K线
获利无限

中国青年出版社

图书在版编目（CIP）数据

抓住K线，获利无限/朱家泓著.
—北京：中国青年出版社，2022.10
ISBN 978-7-5153-6751-4

Ⅰ.①抓… Ⅱ.①朱… Ⅲ.①股票交易—基本知识 Ⅳ.①F830.91

中国版本图书馆CIP数据核字（2022）第149963号

本书通过四川一览文化传播广告有限公司代理，
经金尉股份有限公司授权出版中文简体字版本
简体中文版版权©2022北京中青文文化传媒有限公司
所有权利保留

抓住K线，获利无限

作　　者：	朱家泓
责任编辑：	于明丽
文字编辑：	张祎琳
美术编辑：	杜雨萃　佟雪莹
出　　版：	中国青年出版社
发　　行：	北京中青文文化传媒有限公司
电　　话：	010-65511272 / 65516873
公司网址：	www.cyb.com.cn
购书网址：	zqwts.tmall.com
印　　刷：	北京博海升彩色印刷有限公司
版　　次：	2022年10月第1版
印　　次：	2022年10月第1次印刷
开　　本：	787×1092　1/16
字　　数：	210千字
印　　张：	20.5
京权图字：	01-2022-2784
书　　号：	ISBN 978-7-5153-6751-4
定　　价：	79.90元

版权声明

未经出版人事先书面许可，对本出版物的任何部分不得以任何方式或途径复制或传播，包括但不限于复印、录制、录音，或通过任何数据库、在线信息、数字化产品或可检索的系统。

中青版图书，版权所有，盗版必究

目录

自序1
　　K线能让你逃过一劫，也能让你精准获利..................008

自序2
　　所有成功的缘分，都起源于自己..................013

第1篇　学习K线基本功..................019

K线只有红和黑、长和短，却反映了当天所有交易人对股市的看法，股价涨跌尽在红黑K线斗争中。

第1章　如何画出K线..................020
第2章　解读K线密码..................026

第2篇　未卜先知的单一K线..................045

单一K线反映当天多空双方交战的过程及最后的结果，可以用来推断明后天短期走势的方向。

第1章　长红和长黑K线：走势的关键..................046
第2章　中红和中黑、小红和小黑K线..................077
第3章　含上影线的中长红和中长黑K线..................082
第4章　含下影线的中长红和中长黑K线..................088
第5章　锤子线、吊人线、倒锤线..................093
第6章　短纺锤线、长纺锤线、天剑线、蜻蜓线..................117
第7章　T字线、墓碑线、十字线、一字线..................131
第8章　单一K线的应用..................142

003

Contents

第3篇　2根K线看转折 ... 151

长红配上长黑，是重要的转折信号。如果能够第一时间观察其中的变化，就能精确掌握行情的转变。

第1章　高档2根K线转折向下的基本形态 ... 152

第2章　高档2根K线转折向下的变化组合 ... 155

　　一日封口：高档"遭遇"双K线 ... 156

　　乌云罩顶：高档"覆盖"双K线 ... 158

　　母子怀抱：高档"怀抱"双K线 ... 163

　　主力出货：高档"长黑吞噬"双K线 ... 165

　　一路向下：高档"长黑贯穿"双K线 ... 172

第3章　低档2根K线转折向上的基本形态 ... 175

第4章　低档2根K线转折向上的变化组合 ... 178

　　一日封口：低档"遭遇"双K线 ... 179

　　旭日东升：低档"覆盖"双K线 ... 182

　　母子怀抱：低档"怀抱"双K线 ... 185

　　主力吸货：低档"长红吞噬"双K线 ... 189

　　一路向上：低档"长红贯穿"双K线 ... 193

第4篇　3根K线看转折 ... 197

3根K线是确认转折所需的最少K线根数，越多K线才确认的转折组合，转折力道就会越强。

第1章　高档3根K线转折向下的基本形态 ... 198

目录

第2章　高档3根K线转折向下的变化组合 200

　　组合1：孤岛夜星 201

　　组合2：母子变盘 202

　　组合3：双星变盘 204

　　组合4：双鸦变盘 206

　　组合5：群星变盘 207

第3章　低档3根K线转折向上的基本形态 213

第4章　低档3根K线转折向上的变化组合 215

　　组合1：孤岛晨星 216

　　组合2：母子变盘 217

　　组合3：双星变盘 219

　　组合4：双肩变盘 221

　　组合5：群星变盘 222

第5篇　行进中的K线组合 229

行情在上涨或下跌行进时，透过连续K线的表现或组合，能够研判行情的短期走势变化。

第1章　上涨中的K线组合 230

　　组合1：一星二阳 230

　　组合2：上升三法 235

　　组合3：三线反红 238

　　组合4：内困三红 241

　　组合5：上涨红黑红 244

005

Contents

　　　组合6：连三红 246

　　　组合7：大敌当前 250

　　　组合8：上缺回补 253

　第2章　下跌中的K线组合 257

　　　组合1：一星二阴 257

　　　组合2：下降三法 263

　　　组合3：三线反黑 266

　　　组合4：内困三黑 269

　　　组合5：下跌黑红黑 272

　　　组合6：连三黑 275

　　　组合7：下缺回补 279

第6篇　K线缺口 283

K线和缺口是一体的，深入了解向上和向下缺口的意义，可以窥知未来的短期走势。

　第1章　为何会出现跳空缺口 284

　　　多头上涨的跳空缺口 287

　　　空头下跌的跳空缺口 288

　　　跳空缺口的观察重点 291

　第2章　缺口的支撑与压力 294

　　　向上跳空缺口的支撑 294

目录

向下跳空缺口的压力 296

缺口的观察指标 298

缺口操作5大秘诀 300

第7篇 K线交易法 309

使用K线交易法，只要严守纪律执行，很容易卖到短线相对高点，轻松获利入袋。

第1章　K线交易法的操作诀窍 310

第2章　V形反转的K线交易法 316

　　　V形反转：如何抢空头急跌的反弹 316

　　　倒V形反转：如何抢多头急涨的回档 324

不要看新闻买股票

K线能让你逃过一劫，
也能让你精准获利

2012年3月28日，经济日报头版标题：《鸿海473亿入股夏普》。许多投资人看到这则新闻后都认为，鸿海踏出了"联日抗韩"的第一步，前途一片看好。

当天，鸿海（2317）开盘跳空大涨3.7%，股价上涨4元，收盘113元，上涨5元，涨幅高达4.6%，同时爆出10万张的大量。

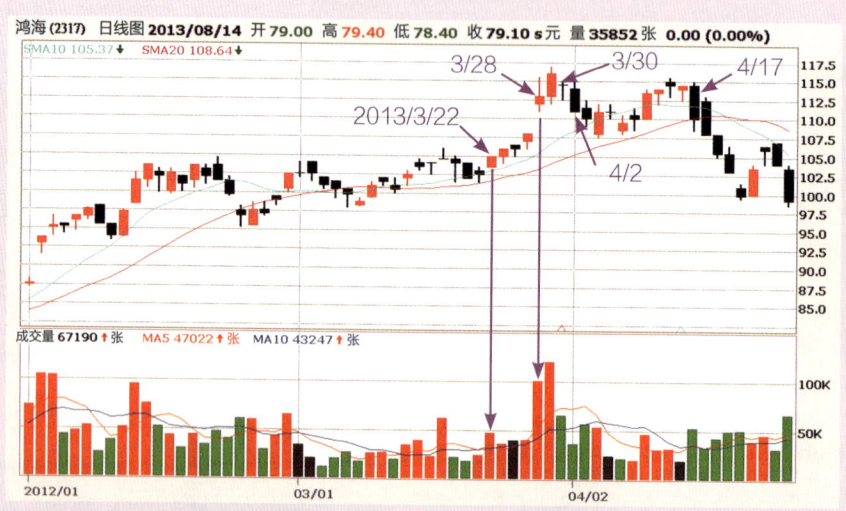

资料来源：富邦e01电子交易系统

次日，盘中高点117元，收盘116元，再上涨3元，同时再爆出12万张大量，从此以后，股价都没有再回到117元的高点，2013年10月1日的收盘价是75.5元。换句话说，当天看到消息去买股票的投资人，不仅被套牢1年7个月，而且还赔了30%的本金，真是情何以堪。

看懂K线 趋吉避凶

以技术分析的K线信号来看鸿海的图形走势，可以分为下列几点来讨论：

❶ 这一波多头正确的进场位置在3月22日，当天回档到月线有支撑，而且放量红K上涨，突破前一日的最高点，收盘105元买进。持股到3月28日利多的跳空大涨，以多头上涨特性，过高容易拉回，正是准备获利出场的时机。

❷ 再看3月28日利多爆量的跳空大涨，K线收盘呈现的是有上下影线的纺锤线，表示当天多空激战，有人利用利多机会在出货，也就是说，当天爆量，价涨，但是K线不好，即使看报利多买进，也要注意不能出现跌破纺锤线的转折向下的黑K线反转信号。同时注意大量向上跳空缺口是重要支撑，近日内不能回补，否则会成为竭尽缺口。

❸ 次日再爆大量，红K上涨，持股续抱，当然没有问题。

❹ 3月30日，收盘K线出现变盘的十字线，这时手中有持股的投资人，要特别小心股价反转，因为出现"高档爆量，股价不涨""大量红K，股价该攻不攻""高档红K母子怀抱"的K线三大警讯，必须密切注意第二天的开盘走势。

❺ 4月2日，开低走低，黑K收盘跌破最大量红K的低点，三日K线

形成内困三黑的下跌组合，转折向下确认。3月28日利多大涨抢进的多单，此时应该迅速出场。

❻ 4月17日再出现下跌长黑K，5天的K线组合是夜星反转信号，同时波浪形态已经呈现头头低，头部即将成形，看消息于3月28日利多大涨抢进的多单，是最后的逃命机会，当天收盘价110元，投资人赔损3～5元。

❼ 如果看不懂K线变化，没有即时处理股票，后来一路下跌到80.9元才初步止跌反弹，下跌28%，而且持续一年多还没有解套。

彰银并台新银　股民惨遭套牢

2013年2月20日工商时报头版斗大标题：《彰银拟并台新银》。这对于台新金（2887）是个大利多，许多投资人在当天早上开盘时就抢买台新金。

资料来源：富邦e01电子交易系统

当天台新金（2887）开盘跳空大涨，没一会儿就涨停板，股价上涨至

13.1元，同时爆出16万张的大量。比鸿海还惨的是，当天涨停板打开，一路下跌，收盘12.7元，当天赔钱套牢，次日直接下杀。

K线领先反应 原因随后才到

K线永远领先反映市场的基本面、消息面和心理面。在股票市场，散户最弱势，不可能先知道股票涨跌的原因，但是知道原因的人必然会做出买或卖的动作，只要有动作，就会反映在当天的K线及成交量上。所以，只要能够精准研判K线及成交量的变化，一样可以精准获利或避开风险、逢凶化吉。

我们来看晶豪科（3006），这只股票在2月25日出现放量长红K线，突破高点多头确认，从收盘价25.25元开始上涨，之后一直维持多头趋势，一直涨到约40元开始横向整理。一般散户并不知道这只股票为何会上涨那么

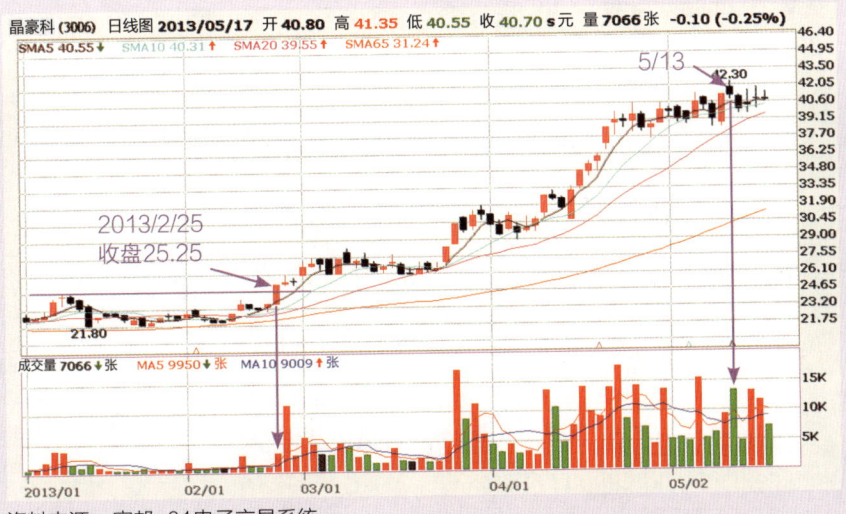

资料来源：富邦e01电子交易系统

多，到了5月13日工商时报的头版出现"晶豪科MCP接单满到Q3"的标题，散户才知道原因。当天股价冲到42.3元，但多头已经上涨了67%，所以技术面永远领先消息面。

精通K线 精准获利

俗话说："在股票市场，会买只是徒弟，会卖才是师傅。""买对位置成功一半，卖对位置才是全部成功。"一般投资人之所以无法精准掌握进出位置，主要还是无法正确解读K线透露的语言。本书的目的是，帮助读者提升判读K线的功力，掌握K线信号，买在最佳进场点，卖在相对高点，成为股市获利的大赢家。

谈自助、人助、"天助"
所有成功的缘分，都起源于自己

教学3年多以来，每次有学生告诉我关于股票赔钱的经历时，总是让我很难过。在这段教学时光，看到学生从开始学习到看懂股票而赚钱，是我最开心的事。

其实，他们的成功不是没有原因，每次他们谢谢我的时候，我都告诉他们，应该要"感谢自己"，因为我只能告诉他们一些专业知识和操作方法，但下决心学习、用功做功课、坚持努力，得靠他们"自己"。

每个来上课的同学都有感人的故事，谢谢他们愿意分享给我，虽然他们来学习的背景不同，但是目标都一样：希望在股市赚钱。

下面举几个同学的例子，每个都是"因缘""行动""努力""坚持"串联的真实成功故事，希望能够启发"想要努力"或"正在努力"的投资朋友，只要你愿意，一定可以像他们一样成功。

诚品书店巧遇的蔡先生

2011年7月的一个周日晚上，我循例到敦化南路的诚品书店，这是我一星期最放松的时间，我会一个人慢慢翻阅喜欢的书。当天，《抓住飙股轻松赚》这本书放在进门处的新书平台上，摆放了一整摞约20本，所以，我除

了抱着原本逛书店的心情，还格外注意自己的新书。

在新书区驻足一会儿后，我顺着右边长书廊走向财经书架区，突然有位先生走到我面前，带点兴奋的语气问我："您是不是前面新书的作者朱家泓老师？"

我说："是啊！您怎么知道？"

他说："我刚刚在前面看到您的新书，封面上有您的照片，所以认出来了。"

我说："哇！您好厉害，封面照片出版社用计算机修过，看上去很年轻，跟我本人差很多，您还能认出来。"

就这样打开了彼此的话匣子，在书店中聊了起来。他姓蔡，曾经拿了1千万元给一位蛮有名的老师代操股票，起初几个月，平均每月都能拿到20万~30万的获利，当时日子过得很悠闲，经常到国外旅游。大约半年之后，拿到的获利每况愈下，一年不到，不但没有获利可拿，连本金1千万元也赔得只剩下不到1百万元。这个打击太大，他下决心要自己学、自己做。

他的故事可说是股市中很平常的遭遇，很多投资人都是太相信所谓的"专家""高手"，轻易就把钱给对方，以为这样就可以坐享获利，其实大多数都落得赔钱的下场。

我建议蔡先生从最基础的技术分析开始，做好一年的学习计划，按部就班地边学边用小资金练习操作，同时要体悟纪律操作的重要。

蔡先生后来陆续上完我所有开的课，同时不断检讨改进，找出适合自己的方法。2012年9月，我在"期指当冲"的课堂上看到他，他很兴奋地告诉我获利绩效，那天正好是教师节，他还代表全班把一张写满同学祝福的

自序2

卡片送给我。我当下虽然没有流眼泪，但那份感动久久不散。

两年前的那天，如果我没有去逛诚品书店，如果他没有认出我，如果他不愿意从基础学习，他就不会像今天这样，成为充满信心的股市高手了。这个缘分，是蔡先生自己开启的。

马来西亚飞来的邱同学

2012年初某一天上课时，课堂助理告诉我，班上有位远从马来西亚来上课的学生，我有些讶异，难道他要坐飞机来上课？课堂上我看到这位学生，年纪看上去应该40岁左右，很斯文的一位男士。

课间休息的时候，我特别去认识他。他是邱先生，马来西亚人，是位精神科医生，在香港执业。我很好奇，我并不是什么出名的老师，更没有财经界头衔或者显赫的学位背景，他为什么愿意到台湾来上我的课？

邱先生告诉我，他对股票很有兴趣，他在香港买了一些港股和大陆上海股票，可是一直都做不好而赔钱。有一天，他的朋友在台湾的书店买了一本我的书带回香港，借给他看。他看完之后才知道，做股票要具备一些专业知识，于是他上网用书名及作者名搜寻，找到我开课的信息，并且报名了假日班，每次上课就坐飞机来台湾，在饭店住三四天。

后来他陆续上完基础班、进阶班和专修班的课程，前前后后也飞了快半年的时间。2013年农历年前，我接到邱先生寄来的电子邮件，全文如下：

> 朱老师，您好！
>
> 好久没写邮件给您，近来好吗？新年快乐！恭喜发财！
>
> 最近港股操作都还好，部分股票有赚超过50%，止损次数少很多了。

> 我看到您最近开了新课程"技术分析高阶班",内容和过去不一样吗?如果有很多新信息,我等您开假日班,就飞来上。下半年我会找时间来上您的"期指当冲"假日班。
>
> 祝新年快乐!蛇年行大运!

接到他的电子邮件,我很高兴,现在他能稳健获利。这个"缘分"是因为他不只是看看书,而是下决心坐飞机来上课,我们才能认识。

他付出了金钱、时间及努力,才有今天的成果,这一切都起因于"他自己"。

台东搭火车来的赵小姐

"老师您好!我又来上课了!"每次她在教室看到我就跟我说这句话。她是赵小姐,个子高高,总是面带微笑,住在台东,她是老师,先生在台东开精品咖啡屋。

她学股票是为了以后退休做好准备,但是在东部,股票学习的课程很少,也没有老师到台东开课,所以就不辞辛劳地到台北学习,每次假日班下午5点下课后,她都搭乘稍晚6点多的火车回台东,到家已经是凌晨。

台东的火车票很难买,有时为了上课,必须在一个星期前去抢票,她的好学精神令人感佩。她抱着先做好万全准备才买股票的想法,在台东与台北来回跑的一年多的学习期间都没进场。她为自己定好目标,并有不畏艰辛、坚持学习的精神,将来一定是个成功的操盘手。

自助、人助、"天助"

学习股票操作，想成为长期的赢家，必须要有下面3个助力：

1. 自助

首先必须自己付出心力，有计划地学习，除了充实专业知识，也要花时间做功课，这些一定得靠自己下定决心去完成。从起心动念到计划行动，这是自助的功力。

2. 人助

在努力学习的过程中，要有好老师指导、好朋友支持鼓励和相互切磋，许多事都需要他人的帮助，所以建立良好的人际关系非常重要。吸取别人的经验，可以缩短自己摸索的时间。只要你展现诚心、热诚和企图心去请教别人，自然就会出现贵人相助。

3. "天助"

人人都想发财，有的人到财神庙拜拜，无非是想得到财神爷的眷顾。问题是，拜的人有没有想过，财神爷为什么要眷顾你呢？是因为你平日行善积德，还是努力付出呢？只拜财神爷绝对不够，要自己付出，才可能达成目标。俗话说得好："天下没有白吃的午餐。"经过自助的努力、别人的相助、存善心、做善事，自然会出现神助的力量。只有从自己改变，一切才可能改变。

每个来课堂学习的同学，都踏出了自助的第一步。在课堂结识同好，向高手请教，就能获得人助。坚持目标，努力学习，自得神助。祝福所有投资人都能心想事成，美梦成真。

第1篇
学习K线基本功

在进入K线应用之前，先清楚了解K线的基本要素及观念，然后再一步步深入探讨各种不同长相的K线，这样才不会有所失误。

K线只有红和黑、长和短，却反映了当天所有交易人对股市的看法，股价涨跌尽在红黑K线斗争中。

第1章 如何画出K线

K线是技术分析之母。当天所有交易人对股市的看法，无论是对基本面、消息面、筹码面还是心理面的反应，都会表现在当天的K线上。由于每天的反应状况不同，表现出的K线长相也就不一样了。

例如去年11月13日，一大早报纸上斗大的标题说要查内线交易以及基金代操的操盘经纪人，结果当天大盘一路下杀131点，出现跌破反弹7天的长黑K线，因此可以知道，K线对市场的敏感度反应最快，如果能够精通K线变化的意义，自然能够买在低点，卖在高点。

K线的由来

17世纪时，"稻米交易所"在日本大阪成立，从1710年开始发行稻米的"栈票"，这些"栈票"称为"米票"，也是最早的期货合约。

1750年江户时代，本间家族是当时很富有的家族，排行最小的本间宗久，在他父亲过世之后，开始掌管家族生意。

他带着资金到大阪的"堂岛交易所"，开始从事稻米的期货交易，他每天记录气候状况和交易价格的涨跌，并绘制图表，经过分析后，他发现

第1章 ▶▶▶ 如何画出K线

稻米价格变化的相关性，于是运用这套方法，赚到庞大的财富。

本间宗久晚年担任日本政府的财政顾问，并被封为武士。1803年逝世前，出版了《酒田战法》及《行情分析》两本著作，他在稻米交易上使用的一些战法，在日本逐渐发展成"阴阳线分析方法"，后来有人把这套方法应用到股票交易市场，成为重要的理论。

从交易记录画出K线图

一、怎么画出当天的红K线（阳线）

红K线的对应画法

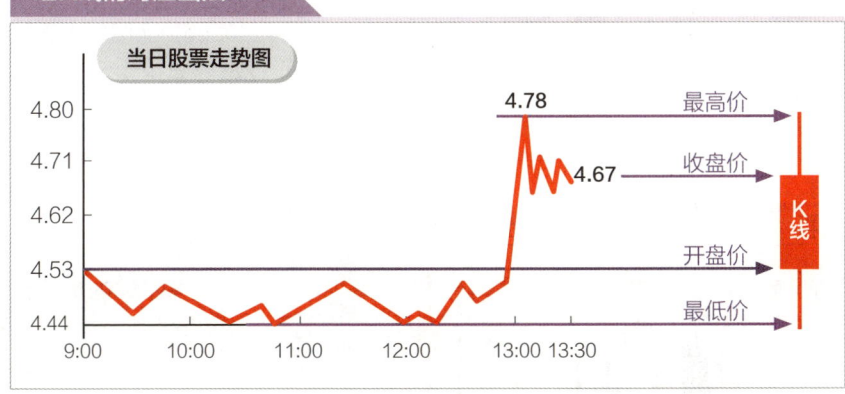

当日股票走势图

4.80	
4.78	最高价
4.71	
4.67	收盘价
4.62	
4.53	开盘价
4.44	最低价

- 当收盘价比开盘价高时，画成红色K线。
- 收盘价与开盘价有价差，画成实体的红柱状，其余部分画成影线。

注：日本的技术分析称图形线为"罫线表"（发音为kei-sen-hyou），引入中国后，就以日文发音称为"K线"。

这是2013/5/24华上（6289）的线图，上图是当天交易的走势图，下图是交易结束后出现的红色K线。

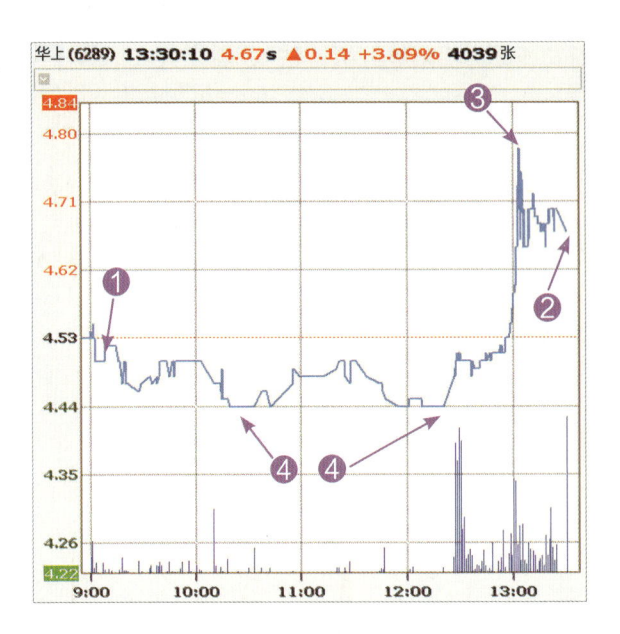

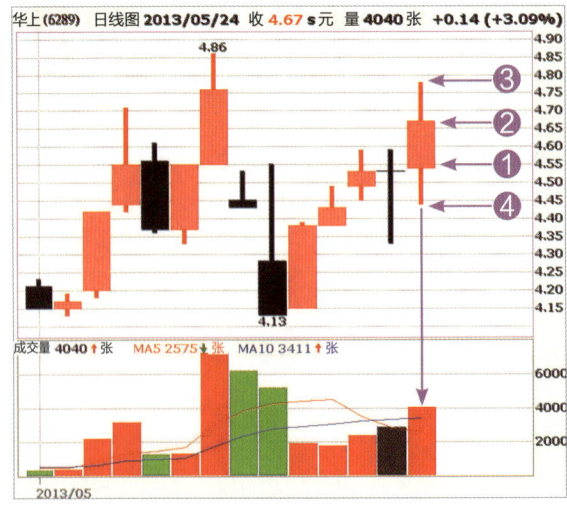

❶ 上图是当天9:00开盘的价格4.53，接着开始交易。

下图是开盘4.53的位置。

❷ 上图是当天13:30收盘的价格4.67，结束交易。

下图是收盘4.67的位置。

❸ 上图是当天盘中交易出现的最高价格4.78。

下图是最高价格4.78的位置。

❹ 上图是当天盘中交易出现的最低价格4.44。

下图是最低价格4.44的位置。

资料来源：富邦e01电子交易系统

第1章 ▶▶▶ 如何画出K线

二、怎么画出当天的黑K线（阴线）

这是2013/5/24日晶豪科（3006）的图，上图是当天交易的走势图，下图是交易结束后出现的黑色K线。

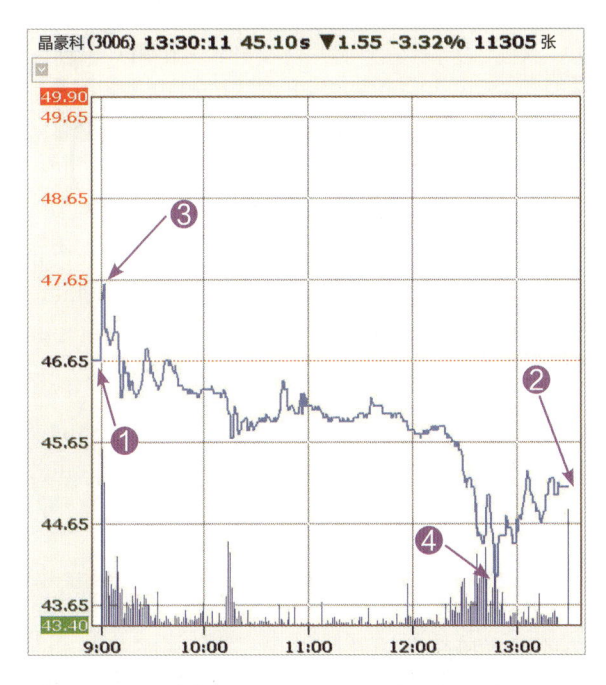

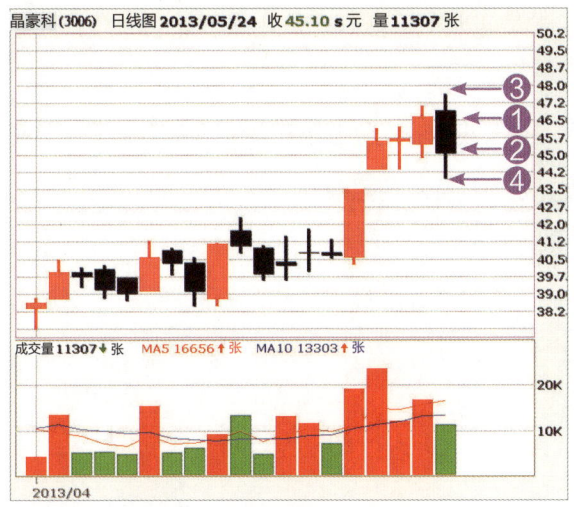

❶ 上图是当天9:00开盘的价格46.9，接着开始交易。

下图是开盘46.9的位置。

❷ 上图是当天13:30收盘的价格45.1，结束交易。

下图是收盘45.1的位置。

❸ 上图是当天盘中交易出现的最高价格47.6。

下图是最高价格47.6的位置。

❹ 上图是当天盘中交易出现的最低价格44。

下图是最低价格44的位置。

资料来源：富邦e01电子交易系统

黑K线的对应画法

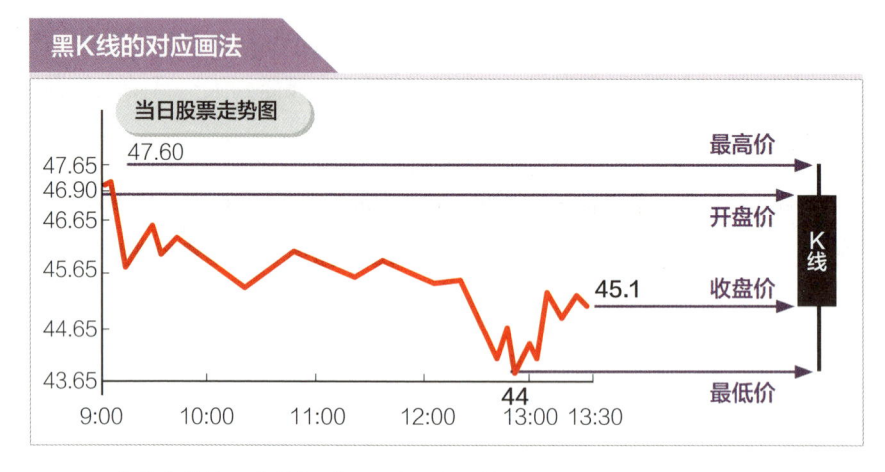

当日股票走势图

- 当收盘价比开盘价低时，画成黑色K线。
- 收盘价与开盘价有价差，画成实体的黑柱状，其余部分画成影线。

K线的基本认知

对于K线，要先了解几个基本概念：

1. 组成K线的4个元素是：开盘价、收盘价、盘中最高价、盘中最低价。

2. 收盘价高于开盘价是红K线，收盘价低于开盘价是黑K线。

3. 日线图的一根K线，是当日交易的记录。

周线图的一根K线，是一周（5天）交易的记录。

月线图的一根K线，是一个月（月初第一天到月底最后一天）交易的记录。

第1章 ▶▶▶ 如何画出K线

4. K线各部分的名称：

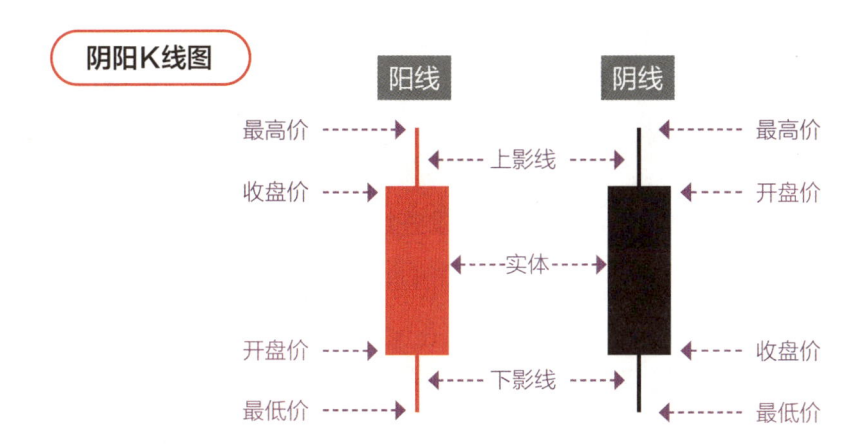

阴阳K线图

阳线
- 最高价
- 收盘价
- 上影线
- 实体
- 开盘价
- 下影线
- 最低价

阴线
- 最高价
- 开盘价
- 实体
- 收盘价
- 最低价

红K线或黑K线并不代表当天股价是上涨还是下跌，开低收高就是红K线，开高收低就是黑K线，千万不要误以为红K线就是上涨，黑K线就是下跌。

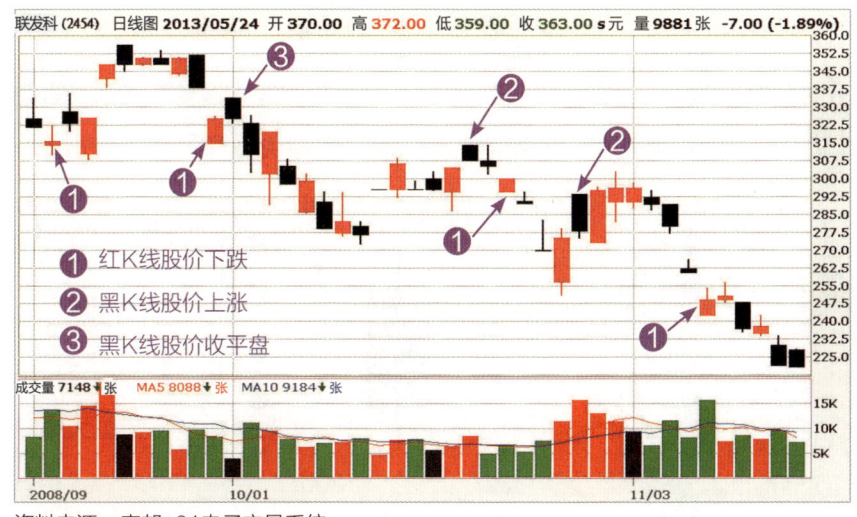

① 红K线股价下跌
② 黑K线股价上涨
③ 黑K线股价收平盘

资料来源：富邦e01电子交易系统

025

第2章 解读K线密码

解读单一K线或数根K线组合形态之前，要先认识K线的重要观念，并学会判读整体走势，如此才能完整解读并应用各种收盘K线。

K线4+1基本元素

组成K线的基本元素有4个，分别是开盘价、收盘价、最高价、最低价，计算机K线图上都会标明这4个元素，这里再加上另外一个重要数据，我称为第5元素，就是½成本价。以上4+1元素代表不同的意义，在短线操作的判断上很重要，分别说明如下。

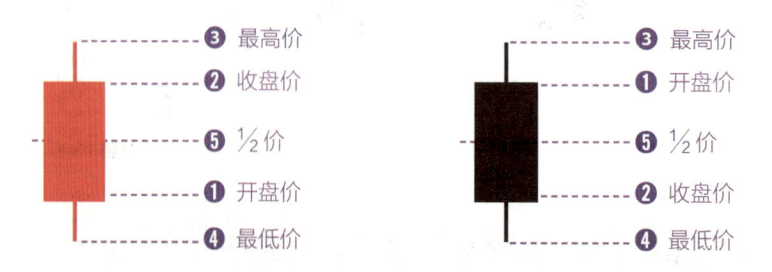

❸ 最高价
❷ 收盘价
❺ ½价
❶ 开盘价
❹ 最低价

❸ 最高价
❶ 开盘价
❺ ½价
❷ 收盘价
❹ 最低价

第2章 ▶▶▶ 解读K线密码

元素1：开盘价

每天股价开盘的位置，通常都是由控盘主力开出，因为很少有散户会在开盘前就挂一个价格去买或卖，而这个价格又刚好是开盘价。开盘价一般反映了以下几个原因：

1. 反映开盘前利多或利空的消息面，尤其是全球股市如美国、韩国、大陆股市的表现。例如美国股市大涨2%以上，韩国股市也往上开高，台股[①]大盘也会反应开高。另外，例如2013年5月31日媒体报道，证所税当天有可能过关，结果开盘大涨75点，这是反映利多消息。

2. 主力大户的企图，例如今日开盘跳空上涨，显示主力拉抬企图明显，股票强势续多。如果昨日长红K棒上涨，今日开在平盘或盘下，表示多方今日向上企图不强。

3. 变盘的先期征兆，例如多头高档昨日收十字线、墓碑线、吊人线等变盘K线，今日开盘价就很重要，如果开高，便能化解疑虑；开低，多头就要小心，可能要变盘了。同样的，股价下跌一段，昨日出现止跌的变盘线信号，今天如果开盘向上，自然容易转折向上。

4. 开盘涨停板或跌停板，是主力强力表态做多或下杀的企图，不可轻忽后续的走势。

---

① 台股指中国台湾股市。——编者注

由开盘看主力的企图

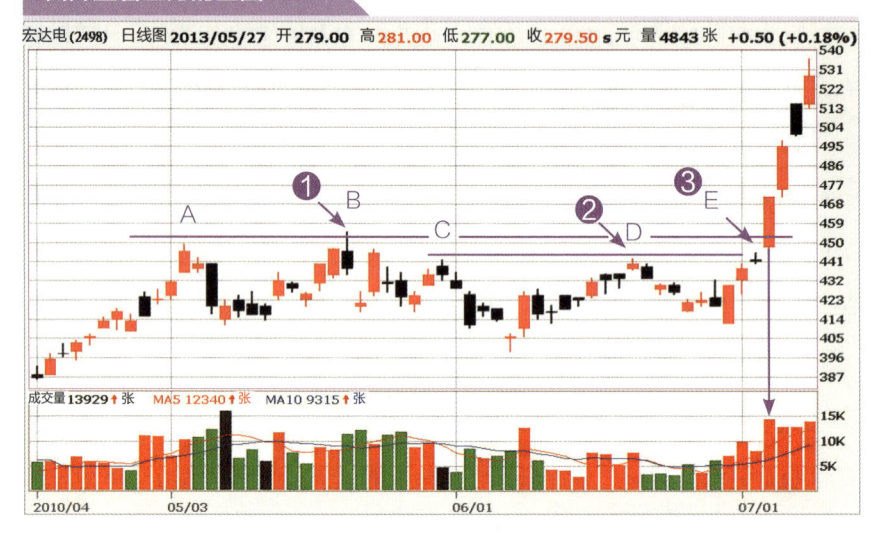

❶ 当天股价B，遇到前面A点头部压力，出现黑K上影线的变盘线，次日开盘开低，主力没有企图要攻过高点B。

❷ 当天股价D，遇到前面C点头部压力，出现小红K十字线的变盘线，次日开低盘，主力没有企图要攻过高点C。

❸ 当天股价E，遇到前面C、D点头部压力，出现小黑K十字线的变盘线，次日主力企图很强，开盘跳空上涨，并且放量攻过A、B、C、D、E所有的高点。

元素2：收盘价

1. 当日多空双方经过一天的决战后，最后的结果价格。

2. 以收盘价为界线，收盘价的上方视为空方力量的范围，收盘价的下方视为多方力量的范围，由此可看出当日多空势力的强弱，并可预测明日开高或开低的意图。

第2章 ▶▶▶ 解读K线密码

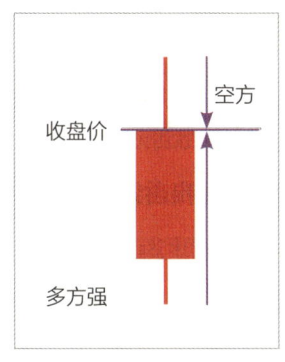

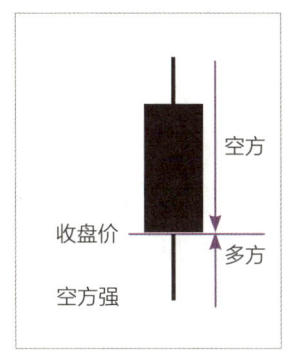

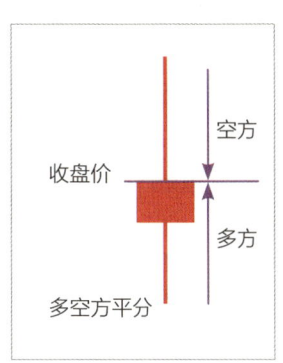

3. 收盘价与昨日K线比较，从收盘价是否突破昨日K线最高点，或跌破昨日K线最低点，可观察股价将会转强或转弱。

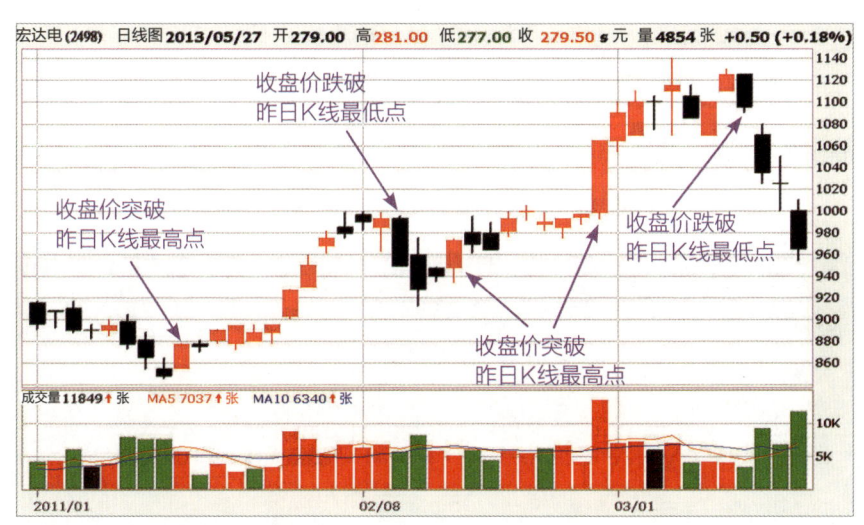

资料来源：富邦e01电子交易系统

元素3：最高价

1. 当日多方力量所能攻到的最高价位。

2. 空头抵挡反击的价位，或是多头开始撤退的位置。

3. 与昨日最高价相比，从是否突破昨日最高价，或未突破昨日最高价即压回，可看出主力是否有续多的企图。

4. 最高价来到前面的压力位置，如果没过，或者是过了又拉回，留下长的上影线，表示该位置出现压力信号，次日要特别注意是否将遇压回档或拉回下跌。

元素4：最低价

1. 当日空方力量到达的最低价位。

2. 多头抵挡开始反击，或是空头回补的位置。

3. 与昨日最低价相比，是否跌破昨日最低点是重要观察指标，如果今日最低价跌破昨日最低点，表示多空激战，要密切注意收盘价的位置。

4. 最低价来到前面的支撑位置，如果没跌破，或者是跌破又拉上来，留下长的下影线，表示该位置出现支撑信号，次日要特别注意是否将遇撑反弹或上涨。

第2章 ▶▶▶ 解读K线密码

资料来源：富邦e01电子交易系统

❶ 当天股价C的黑K最低点，遇到前面A点支撑，出现下影线的止跌信号，次日开高向上，表示股价要上涨。

❷ 当天股价D的红K最高点，遇到前面B点大量长红K线压力，出现上影线的止涨信号，次日开低向下，表示后续股价持续下跌。

元素5：½价

指当日（最高价＋最低价）÷2的价格

1. ½价代表当日多空交易的平均成本。

2. 大量长红K线，日后回档跌破½价，表示多方气势转弱。大量长黑K线，日后反弹突破½价，表示空方力道转弱。

3. 股价涨到高档，出现大量长红K线，如跌破长红K线的½价，高档做头的概率大增，要小心反转。

4. 股价跌到低档，出现大量长黑K线，如突破长黑K线的½价，低档止跌回升的概率大增，要注意反弹。

5. 因此，走势中只要出现大量的长红K线或长黑K线，都要特别注意½价的位置，看是处于相对高档还是相对低档。

资料来源：富邦e01电子交易系统

第2章 ▶▶▶ 解读K线密码

股票走势图是K线的延伸

价格 交易进行中随时变化

⬇

1根K线 收盘后完成，但是下一根K线会有不同变化

⬇

2根K线组合 完成次日的K线，形成连续2日的K线变化

⬇

3根K线组合 再完成1日的K线，形成连续3日的K线变化

⬇

均线 数日K线的收盘价产生不同周期的均线

⬇

波浪形态 股价在均线上下波动，产生转折波的高低点

⬇

多空市场 依据转折波的高低点判别多头或空头

⬇

趋势 多头上涨行进或空头下跌行进所产生的趋势

033

1. 从上面的前后关系可以看出，一个趋势是由价格形成K线，然后再一步步往下发展而成，所以从K线可最快看出转折信号，但是决定方向的力量，趋势最大。

2. 学习K线，要从单日K线开始，根据单日K线的意义，研判后续走势，再逐步学习2日K线、3日K线、多日K线的意义，循序渐进到波浪形态的结构，并掌握趋势。

3. K线只是趋势结构的一分子，波浪形态一旦完成确立，趋势的反转需要时间因素及条件因素的配合，也就是说，趋势的反转，必须等到头部或底部形态完全确立，才有转向的能力。因此，在多头格局中，"上涨K线"会加分，"下跌K线"则会减分。

4. 对K线的解读，不能单以一天来判断，一天的K线容易受到突发事件的影响，产生无法预期的状况，因此，一天的K线只能看当天的交易状况，两天的K线可以看出多空力道是否延续或出现变化，连续三天K线的变化，则可以看出方向转折。再观察多几天K线的连续变化，可以判断短线的走势方向、形态的变化及波浪的形态。

1日K线： 看当天多空强弱。

2日K线： 看次日多空是否延续或出现变化。

3日K线： 看是否出现转折。

5日K线： 看短期的方向。

从K线横盘确认突破或跌破

在走势图当中，我们常常看到K线横向走势，股价一直没有突破前一根K线的最高点，也没有跌破最低点，这样的横向K线超过3根以上，可以视为K线的横盘或盘整。

出现K线的横盘或盘整，要如何确认盘整结束呢？如果出现一根中长红K线，收盘突破所有横盘的K线最高点，这样就能确认往上突破，以及上涨的方向，在多头趋势中，这是进场做多的买进位置。

或者出现一根中长黑K线，收盘跌破所有横盘的K线最低点，这样就能确认往下跌破，以及下跌的方向，在空头趋势中，这是进场放空的位置。

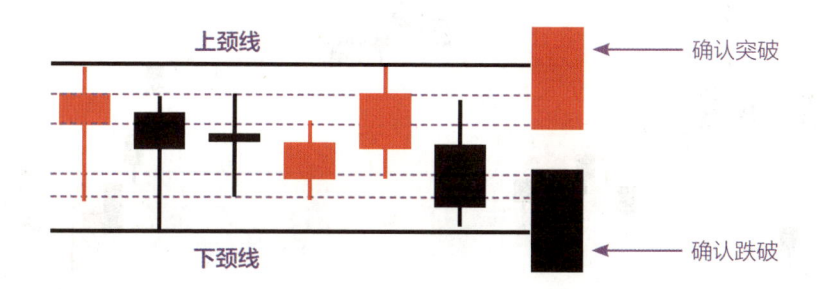

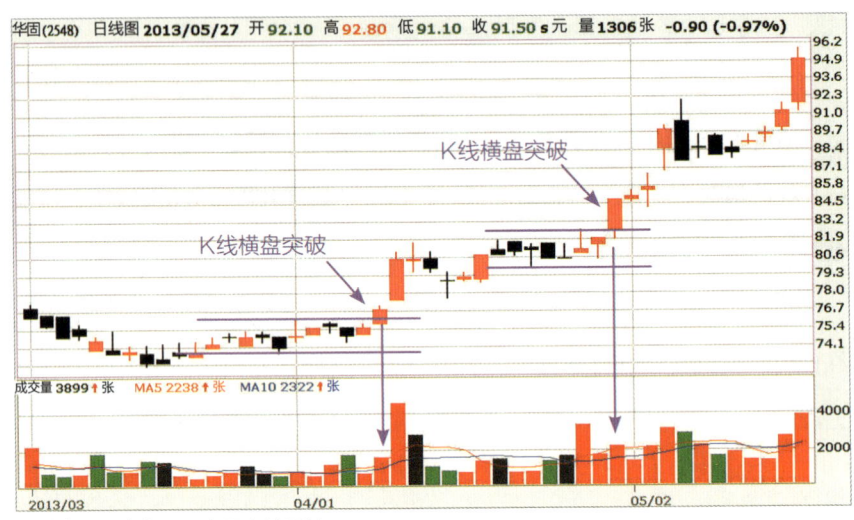

资料来源：富邦e01电子交易系统

资料来源：富邦e01电子交易系统

第2章　解读K线密码

K线内涵为什么很重要？

K线内涵指的是K线当天的走势图，也就是当天K线是怎么走出来的。相同的单一K线，当天的实际走势不会相同，可用来判断多空角力的情形，例如是主力强势拉涨停板，还是经过多空厮杀后，多方战胜而上涨到涨停板，这对明天或以后的走势会有不同影响。

同样是长红K线涨停板，盘中分时K线完全不同：

1. 开盘2分钟拉到涨停板。

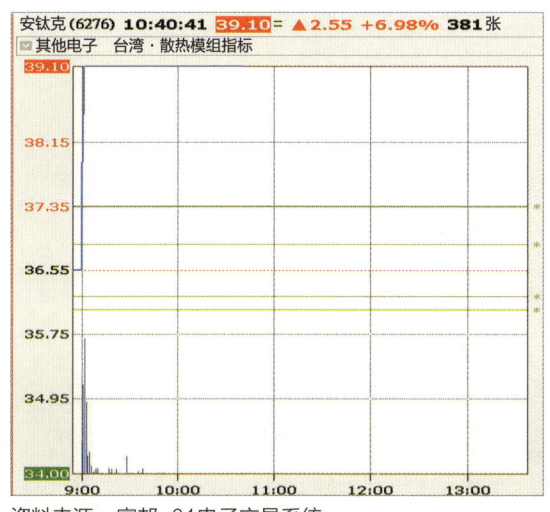

资料来源：富邦e01电子交易系统

2. 开盘先下跌，再向上拉到涨停板。

资料来源：富邦e01电子交易系统

3. 开盘涨停，下跌到平盘，再向上拉到涨停板。

资料来源：富邦e01电子交易系统

第2章 ▶▶▶ 解读K线密码

4. 平盘附近盘整再上涨，盘整后尾盘向上拉到涨停板。

资料来源：富邦e01电子交易系统

第1图是主力一开盘就急拉到涨停板锁住，第4图是主力在接近收盘时急拉到涨停板锁住。从这两只股票的K线可看出，主力的企图是于开盘时或收盘前急拉，目的都是不希望有太多散户跟进，如果当天是多头起涨的进场位置，要立刻买进。

第2图是主力先下杀，散户看要下跌而不敢进场，同时洗出一些不安定的筹码，再快速拉涨停板，这也是主力强势的表态。

第3图表示筹码不安定，开盘涨停板后立刻打开，再迅速下跌到平盘，上下拉锯，出现的是长上影线的K线，要看位置及成交量，才可确定可否介入。

|039

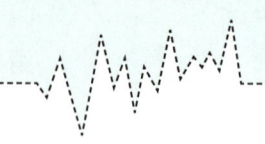

K线的3个环境条件

研判K线代表的意义之前，要先确认3个环境条件：

条件1：先确认行情趋势是在多头、空头还是盘整。

条件2：K线在走势中的相关位置，是低档、高档、行进中、接近压力或支撑，还是关键突破或跌破。

条件3：成交量的变化可以帮助确认K线的能量大小及筹码的变化。

看K线要结合趋势观念

许多投资人在看K线时，往往只注意K线本身的变化，而忽略了趋势的方向，造成一些错误的解读。结合趋势的方向看K线时，应注意以下几点：

1. 趋势多头时，K线开低走高或开高走高是正常的，不必做太多解读。K线开高走低或开低走低，才是不正常的信号，此时根据位置可解读为：可能是要休息、涨多要回档，或者是波浪形态改变，可能要开始盘整。

2. 趋势多头时，K线开平盘后往上是正常的，跌破平盘往下则显示出现空方力道，是转弱的信号，此时根据位置可解读为：可能是要休息，或是涨多要变盘。

3. 趋势多头时，K线开平盘后往上是正常的，但涨到高点后股价回跌，则显示出现上档卖压，是转弱的信号，此时根据位置可解读为：可能是要休息，或是涨多要变盘。

4. 趋势空头时，K线开高走低或开低走低是正常的，不必做太多解读。K线开低走高或开高走高，才是不正常的信号，此时根据位置可解读为：

可能是要止跌、跌深要反弹，或者是波浪形态改变，可能要开始盘整。

5. 趋势空头时，K线开平盘后往下是正常的，突破平盘往上则显示出现多方力道，是转强的信号，此时根据位置可解读为：可能是要止跌，或是跌深要变盘。

6. 趋势空头时，K线开平盘后往下是正常的，但跌到低点后股价上拉，则显示出现下档有支撑买盘，是转强的信号，此时根据位置可解读为：可能是要止跌，或是跌深要变盘。

2根K线的合并应用

K线是每天盘势的连续发展，所以有延伸性，例如连续两天的K线，可以视为昨天开盘交易延续到今天的收盘结果，两天的K线可合并成一根K线，看出两天的多空强弱。

2根K线的合并方法，取第一天开盘价、第二天收盘价、这两天交易的最高价和最低价，用这4个元素画出一根K线。

1. 连续两天中红K线，合并看是一根长红K线，其作用与长红K线一样，½价是两天的交易平均成本，在高档时不能跌破，跌破气势转弱。

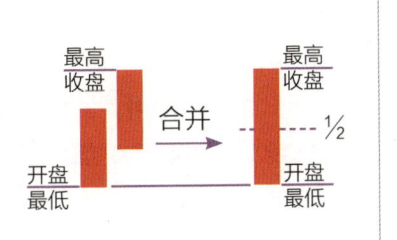

2. 一天长红K线，一天长黑K线，合并是一根长上影线小黑K线，表示上面卖压很重，上涨在高档时，要小心是否会变盘转折向下。

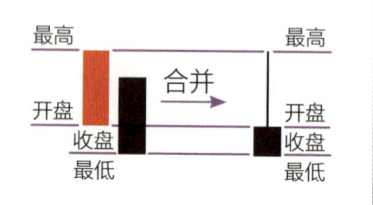

3. 一天长黑K线，一天小红K线，合并是一根长下影线的小红K线，在高档是反转信号吊人线，在低档时是止跌信号的锤子。

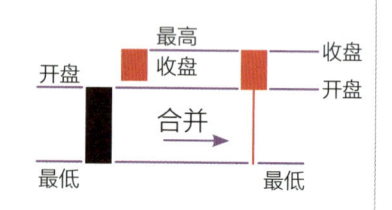

4. 一根长黑K线，吞噬前一天的红K线，合并是长上影线的小黑K线，在高档时是多方遇强大压力，是反转信号。

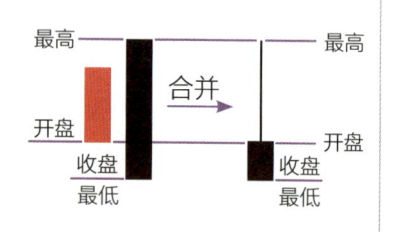

5. 2天K线合并是长上影线的十字K线（天剑），是变盘的信号，要注意次日的开盘走势。

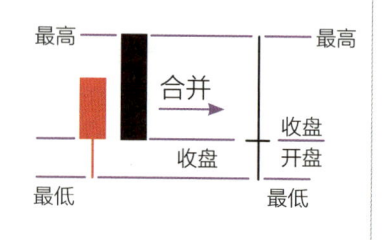

第2章 ▶▶▶ 解读K线密码

6. 2天K线合并看是长下影线的小黑K线的纺锤线，同样是变盘的信号，要注意次日的开盘走势。

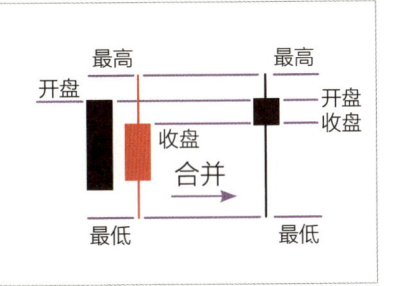

3根K线的合并应用

3根K线的合并方法是，取第一天的开盘价、第三天的收盘价、这三天交易的最高价，以及这三天交易的最低价，画出一根K线。

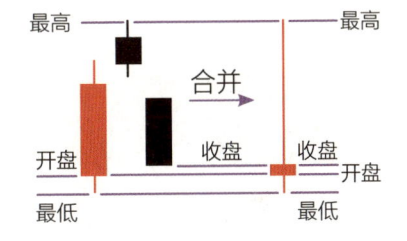

右图的3条K线，一般称为夜星，是高点转折向下的信号，如果把它组成一条K线来看，就是单一K线高档出现长上影线的变盘信号。

043

第 2 篇

未卜先知的单一K线

单一K线反映当天多空双方交战的过程及最后的结果，可以知道筹码的进出、换手、洗盘等信息，了解主力大户的动作，配合其他技术分析，可以用来推断明后天短期走势的方向。

股市中说，能够知道明天的行情，就能赚钱，能够知道未来三天的行情即可致富，精通K线就可以达到未卜先知的境界。

第1章 长红和长黑K线：走势的关键

实体长红K线

定义

开盘与收盘上下幅度达4.5%以上，开低走高的实体红K线，而且是没有上下影线的实体K棒，即使有，也只能有很小的影线。

解说

在行情走势图中，不论多头上涨、空头下跌或盘整，都可以看到长红K线。就单一K线而言，当天开盘是最低价，然后买盘积极，最后上涨到最高价收盘，所以当天是多方强。

精通

1. 当天买盘虽积极，仍要分辨是主力大户买进，还是散户的追逐，不同的交易人买进，造成的结果就不同。换句话说，出现长红K线，并不表示日后一定会继续上涨。

第1章 ▶▶▶ 长红和长黑K线：走势的关键

2. 长红K线出现在不同趋势、不同位置，代表的意义就不同，甚至完全相反，股友不可不察。要精准判读长红K线，必须先区分不同趋势中的不同位置。

多头上涨趋势中的长红K线

在多头上涨趋势中，长红K线会出现在以下6个位置。

位置1：出现在多头底部打底期间

代表底部有主力在吸货，通常会出现一些量增的现象，由于主力尚未布局完成，所以没有发动向上的攻势。

位置2：出现在底部打底完成时

通常都会配合攻击量，可视为主力宣示多头的开始，要把握机会买进做多。这根宣示上涨的长红K线，要突破底部盘整或形态的最高点才算确认。

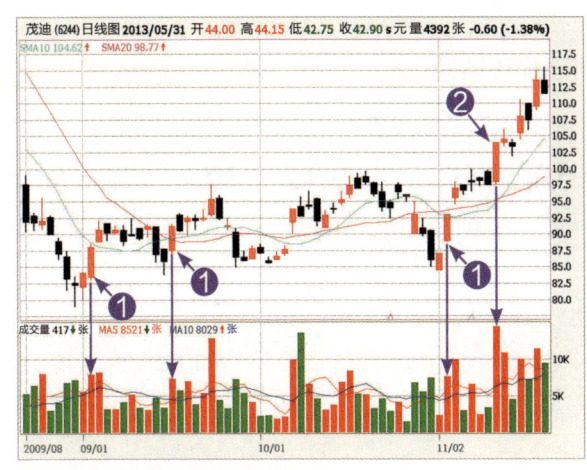

资料来源：富邦e01电子交易系统

❶ 在底部盘整时陆续出现带大量的长红K线，但是都没有上攻，代表主力分批吸货。

❷ 盘整的突破，是多头确认的关键K棒，出现带大量的长红K线，确认多头打底完成，开始多头上涨走势。

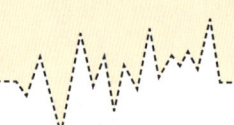

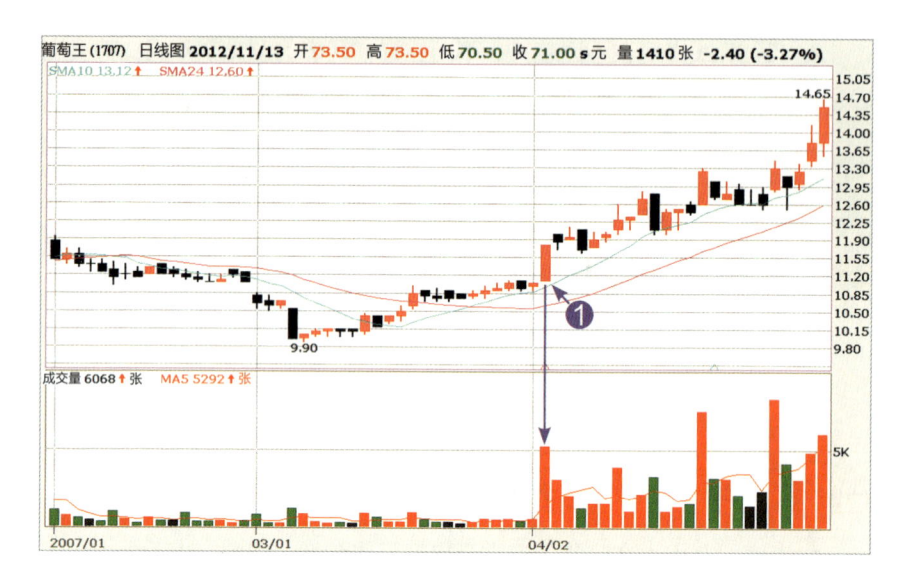

❶ 底部打底完成的向上长红K线，配合攻击量，可以视为主力宣示多头的开始。

位置3：多头上涨行进中的长红K线

代表多方气势续强，仍然继续上涨。通常出现惜售的量缩。

位置4：上涨一段后回档修正结束

当修正完成，修正的低点没有跌破前面低点，当再出现上涨长红K线，表示修正结束，多头要继续上涨，自然要把握机会买进做多。配合大量攻击力道强，如果量不大，后面一两日要补量上攻。

第1章 ▶▶▶ 长红和长黑K线：走势的关键

❶ 空头跌到低点，出现放量长红K线的一日向上反转。

❷ 多头回档后放量长红K线的再上涨，收盘突破前一日的最高点，把握进场买进。

❸ 多头行进中的长红K线，继续上涨，出现惜售的量缩。

049

位置5：多头上涨一段后的盘整末端

当盘整末端出现带大量的长红K线，是多头上涨的攻击信号，当然要把握机会买进做多。

资料来源：富邦e01电子交易系统

❶ 出现放量长红K线的突破，完成底部确认，把握进场买进。

❷ 上涨行进中放量的长红K线，继续再上涨。

❸ 多头行进中的盘整结束，出现放量长红K线，是继续上涨的攻击信号，把握进场买进。

第1章 ▶▶▶ 长红和长黑K线：走势的关键

位置6：多头上涨到高档或连续急涨

此时要特别注意成交量与股价的变化。出现成交量爆增，股价不涨或下跌，通常是主力在高档利用散户追高时趁机大量出货，造成当日长红大量，次日股价无法再上涨。

资料来源：富邦e01电子交易系统

❶ 多头行进中的盘整结束，出现放量长红K线，是继续上涨的攻击信号，把握进场买进。

❷ 高档出现连续跳空急涨，同时爆出大量的长红K线，要特别小心，次日出现股价不涨或下跌，都是危险信号。之前连续出大量的跳空上涨红K线，是主力边拉边出货，后面即使有反弹，股价仍然无法突破大量长红K线的最高点。

051

空头下跌趋势中的长红K线

在空头下跌趋势中，长红K线会出现在以下4个位置。

位置1：在高档盘头时

要注意多头最高点头部如果没有突破，容易形成做头，此时的长红K线反而是逃命波，同时要密切注意该大量的长红K线最低点不能被跌破，如果被收盘价跌破，头部即将完成。

资料来源：富邦e01电子交易系统

❶ 多头的最高点。

❷ 高档盘整，连续出现带大量的长红K线，要特别注意，多头的最高点没有突破，这些长红K线是逃命波。

❸ 长黑K线跌破带大量的长红K线最低点，头部即将完成。

第1章 ▶▶▶ 长红和长黑K线：走势的关键

位置2：空头下跌行进中出现反弹时

代表主力诱多，通常会出现量增的现象，要注意不可抢反弹，容易被套牢。如果无量反弹，通常是弱势反弹。此时应该把握反弹不过前高后再下跌的做空机会。

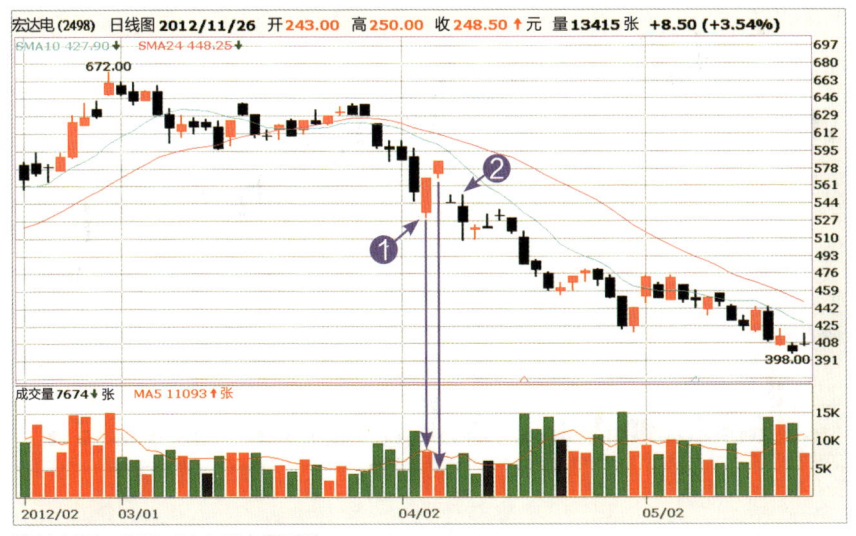

资料来源：富邦e01电子交易系统

❶ 出现在空头下跌行进中的反弹长红K线，是主力在诱多，不能买进。

❷ 量缩的反弹，很快就下跌，继续做空。

位置3：在空头下跌一段的盘整末端

如果出现攻击量，可视为转折向上，可以把握机会买进做多。

但是要看整个盘整的形态是反弹还是回升，决定做长还是做短。

资料来源：富邦e01电子交易系统

❶ 空头下跌中的无量长红K线反弹，是准备做空的机会。

❷ 空头下跌中的盘整长红K线突破，后续无量，只是反弹，容易拉回。

第1章 ▶▶▶ 长红和长黑K线：走势的关键

位置4：空头跌到低点或急跌一段后出现大量长红K线

可视为止跌的信号，后面出现收盘价突破这根大量长红K线最高点的K线，则容易止跌回升。

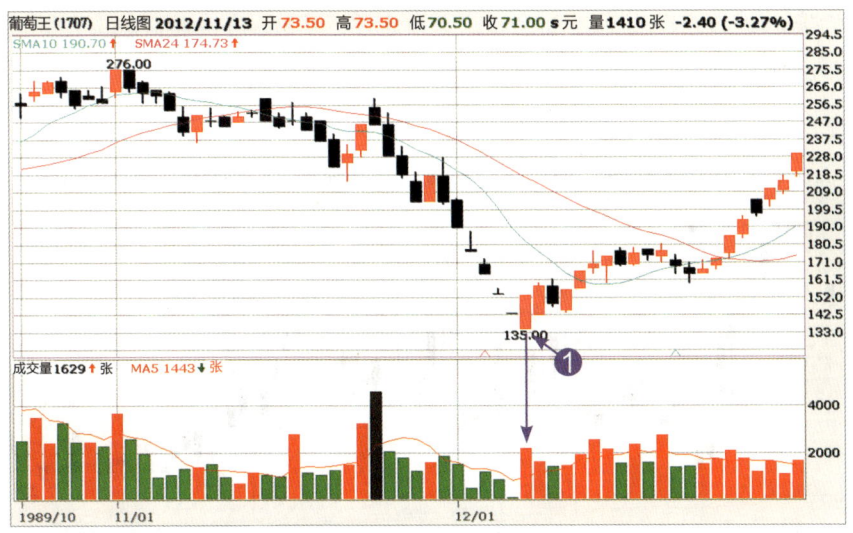

资料来源：富邦e01电子交易系统

❶ 空头急跌一段后，出现放量长红K线的止跌信号，次日向上突破放量长红K线的最高点，一日反转向上，止跌回升。

在盘整区域中的长红K线

在盘整区也会出现带大量的长红K线，原则上，在盘整区我们不操作股票，盘整后，突破或跌破时再做多或做空。盘整后往上突破，在盘整区的带大量长红K线，视为进货量。盘整后往下跌破，在盘整区的带大量长红K线，视为出货量。

资料来源：富邦e01电子交易系统

❶ 盘整区，在盘整区中陆续出现放量长红K线。

❷ 跌破盘整区，在盘整区的放量长红K线为主力诱多的出货量。

第1章 ▶▶▶ 长红和长黑K线：走势的关键

大量长红K线的支撑与压力

多头上涨的长红K线，在攻击的关键位置，通常伴随大量，当股价往上发展时，这些量视为进货量、攻击量或换手量。换句话说，在多头走势是重要的价量配合的攻势，如果出现股价该攻不攻，甚至下跌，都是重大警讯，一定要设好止损，做好风险控制。

出现带大量的长红K线，股价上涨之后的回测，该长红K线是重要的支撑，支撑分为3个重要观察价位，分别是长红K线的最高点、长红K线的½价位（最高价+最低价，然后除以2），以及长红K线的最低点。

1. 跌破长红K线的最高点

代表向上攻击减弱，必须在3～5日之内站回长红K线的最高点之上，否则要注意是否转折向下。

2. 跌破长红K线的½价位

代表跌破长红K线当天交易的平均成本，容易产生大量的卖压，长红K线的多方气势已经破坏。

3. 跌破长红K线的最低点

代表多空易位，转为空方主导，同时该长红K线反而变成日后股价上涨的压力。

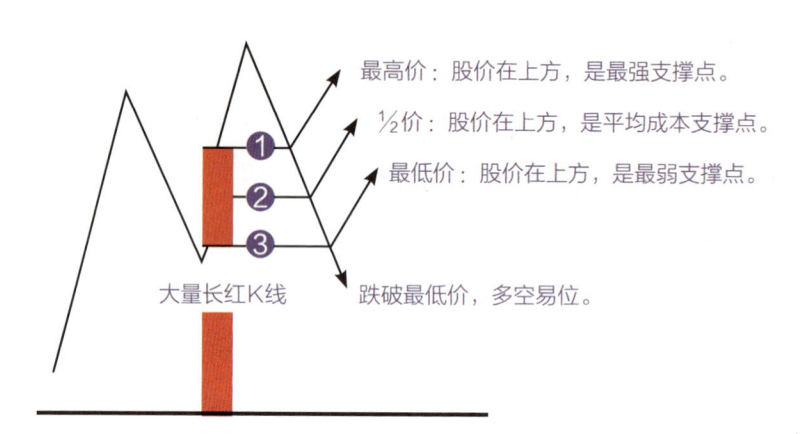

最高价：股价在上方，是最强支撑点。

1/2价：股价在上方，是平均成本支撑点。

最低价：股价在上方，是最弱支撑点。

跌破最低价，多空易位。

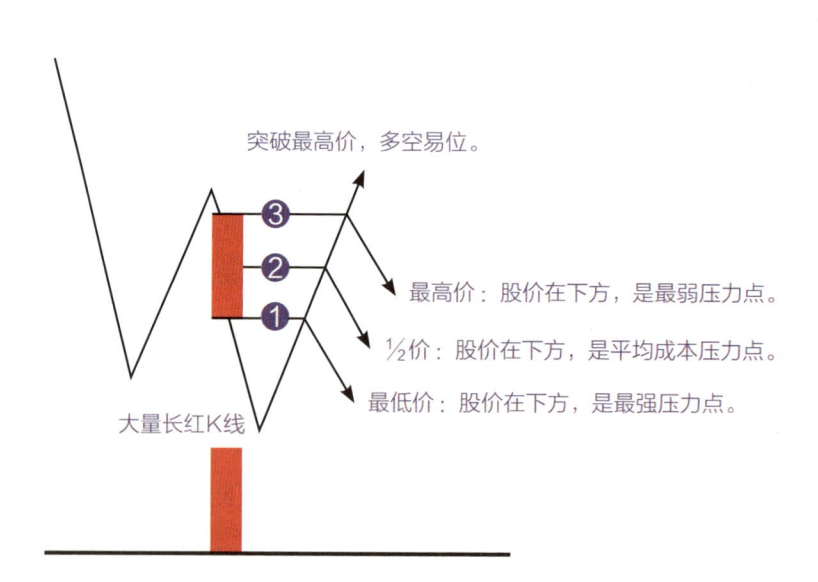

大量长红K线

突破最高价，多空易位。

最高价：股价在下方，是最弱压力点。

1/2价：股价在下方，是平均成本压力点。

最低价：股价在下方，是最强压力点。

大量长红K线

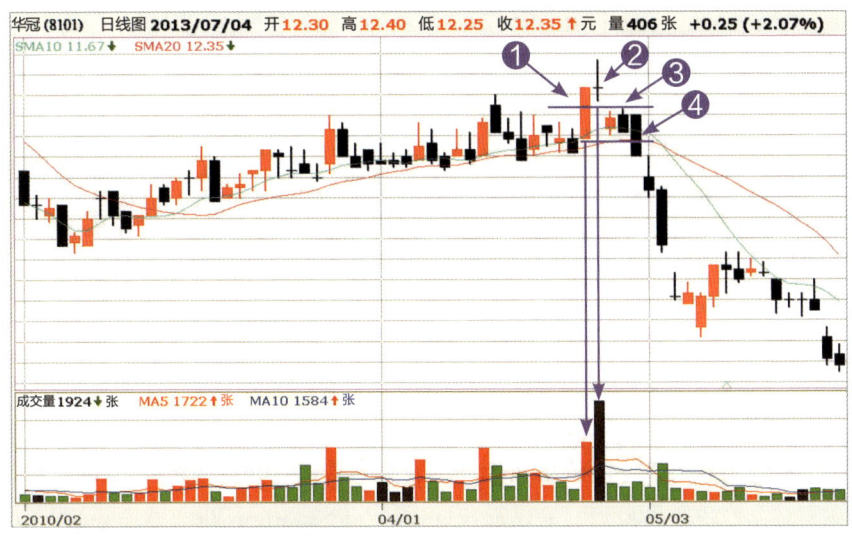

第1章 ▶▶▶ 长红和长黑K线：走势的关键

资料来源：富邦e01电子交易系统

❶ 多头行进中，出现放量长红K线，突破前面最高点，是继续上涨的攻击信号，应该继续上涨。

❷ 次日出现股价该攻不攻，而且爆出大量的十字K线，要特别小心，这是危险警讯。

❸ 股价向下跌破长红K线½平均成本价，多头攻势反转。

❹ 股价向下跌破长红K线最低点，多空易位，由多转空。高档主力出货明显。股价急速下杀。

实体长黑K线

定义

开盘与收盘上下幅度达4.5%以上，开高走低的实体黑K线，而且是没有上下影线的实体K棒，即使有，也只能有很小的影线。

解说

在行情走势图中不论多头上涨、空头下跌或盘整，都可以看到长黑K线。就单一K线而言，当天开盘是最高价，然后卖压积极，最后下跌到最低价收盘，所以当天是空方强。

精通

1. 当天卖压虽积极，仍要分辨是主力大户卖出，还是散户的追杀，不同交易人的卖出，造成的结果就不同。换句话说，出现长黑K线，并不表示日后一定会继续下跌。

2. 长黑K线出现在不同趋势、不同位置，代表的意义就不同，甚至完全相反，股友不可不察。要精准地判读长黑K线，必须先区分不同趋势中的不同位置。

多头上涨趋势中的长黑K线

在多头上涨趋势中，长黑K线会出现在以下5个位置。

第1章 ▶▶▶ 长红和长黑K线：走势的关键

位置1：空头低档打底盘整期间

代表底部尚未确认，可能是主力再次洗盘的现象，同时仍然没有止跌的信号，表示空头趋势仍然没有结束，所以不可以认为股价跌深而去做多。

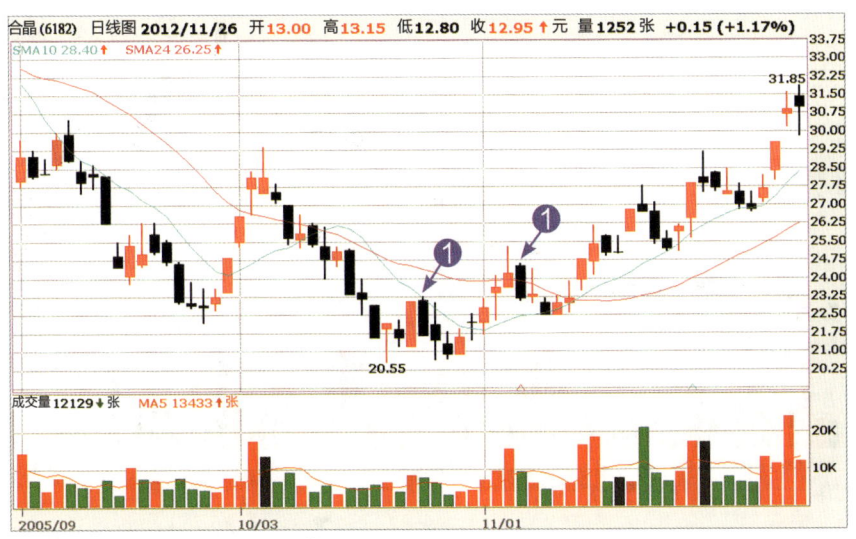

资料来源：富邦e01电子交易系统

❶ 出现在空头低档打底盘整中的长黑K线，是主力在洗盘。

位置2：多头向上行进中

通常都是涨多的急速回档，如果多头趋势未变，长黑K线继续下跌的力道会减弱，配合量缩，是多头回档的正常走势。

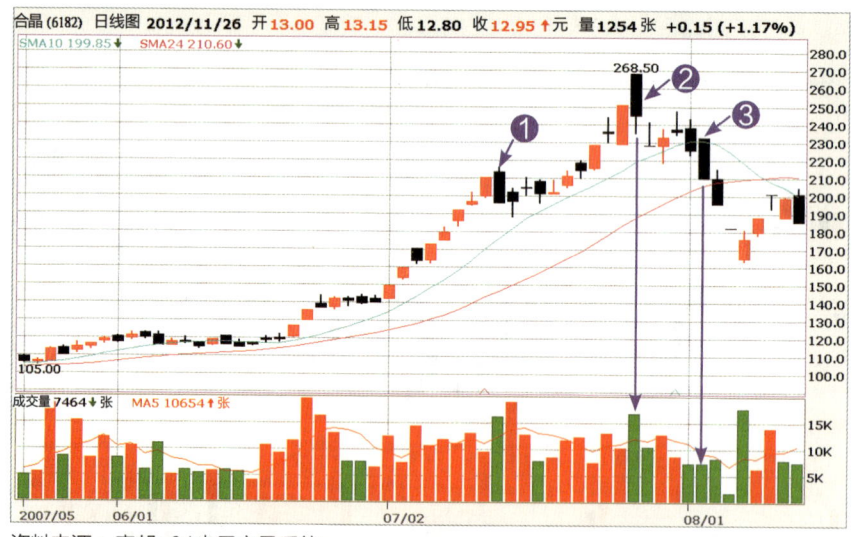

资料来源：富邦e01电子交易系统

❶ 出现在多头上涨的长黑K线，是涨多的回档。

❷ 在高档出现爆量的长黑K线，是止涨的信号，次日股价出现下杀，要立刻出场。

❸ 多头回档的长黑K线，虽然量缩，但是没有止跌的信号，不可随便认为股价跌得很多，就去买进。

第1章 ▶▶▶ 长红和长黑K线：走势的关键

位置3：多头回档中

表示回档尚未结束，还会继续下跌，无论有量或无量，都不能认为大跌价低而做多买进。必须等到止跌，没有跌破前面的最低点，股价再上涨收盘过前一日最高点时才考虑进场做多。

资料来源：富邦e01电子交易系统

❶ 多头回档的大量长黑K线，后面还可能下跌。

❷ 多头回档的长黑K线，虽然量缩，但是没有止跌的信号，不可随便认为股价跌得很多，就去买进。

位置4：多头上涨到高点

这是止涨的信号，如果出现大量或者爆天量，主力出货的可能性很大，要密切注意次日股价的走势，出现下杀，要立刻出场。

资料来源：富邦e01电子交易系统

❶ 出现在多头上涨中的长黑K线，呈现量缩，是涨多的回档。

❷ 在高档爆量的长黑K线，是止涨的信号，次日股价出现下杀，同时波浪形态呈现头头低的走势，要立刻出场。

第1章 ▶▶▶ 长红和长黑K线：走势的关键

位置5：多头行进中的盘整区

这是整理区间的洗盘或出货，要看盘整完后是继续向上突破还是向下跌破来决定，所以在盘整区不要操作，静待突破或跌破再依方向确认。

资料来源：富邦e01电子交易系统

❶ 出现在盘整区的长黑K线，虽然呈现量缩，但不是买点，观察即可。

❷ 带大量的长红K线，确认突破盘整区，是多单进场买点，股价开始上涨。

空头下跌趋势中的长黑K线

在空头下跌趋势中，长黑K线会出现在以下6个位置。

位置1：高档出现头头低，第二个头出现下跌时

一般来说，空头都会成立，有量的下跌威力比较大，无量也一样会下跌。

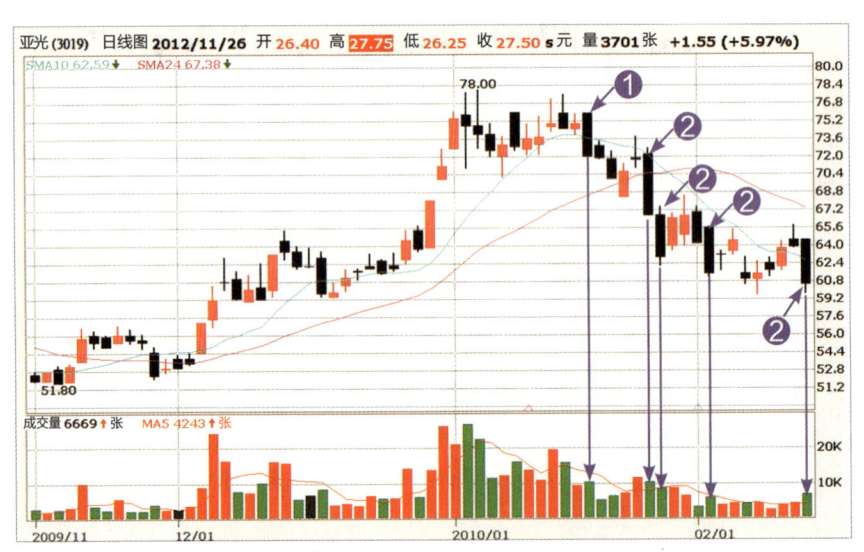

资料来源：富邦e01电子交易系统

❶ 头部第二个头出现头头低的长黑K线下跌，空头都会成立。

❷ 有量或无量的长黑K线下跌，都会继续下跌，不可随便接股票。

第1章 ▶▶▶ 长红和长黑K线：走势的关键

位置2：空头初跌段
通常都会出量，这是代表散户恐慌性地卖出，行情还会继续下跌。

位置3：空头下跌行进中
股价继续下跌，没有止跌的信号出现，无论是否有量，都不能低接。

位置4：空头反弹结束时
反弹结束，股价继续下跌，可以顺势做空。

资料来源：富邦e01电子交易系统

❶ 空头下跌中的长黑K线下跌，行情继续下跌。

❷ 空头反弹出现长黑K线下跌，反弹结束，顺势继续做空。

067

位置5：出现连续急跌时

同时出现爆量或窒息量，股价容易反弹，当有上涨的红K线，收盘突破前一日的最高点时，可以做短线的抢反弹。

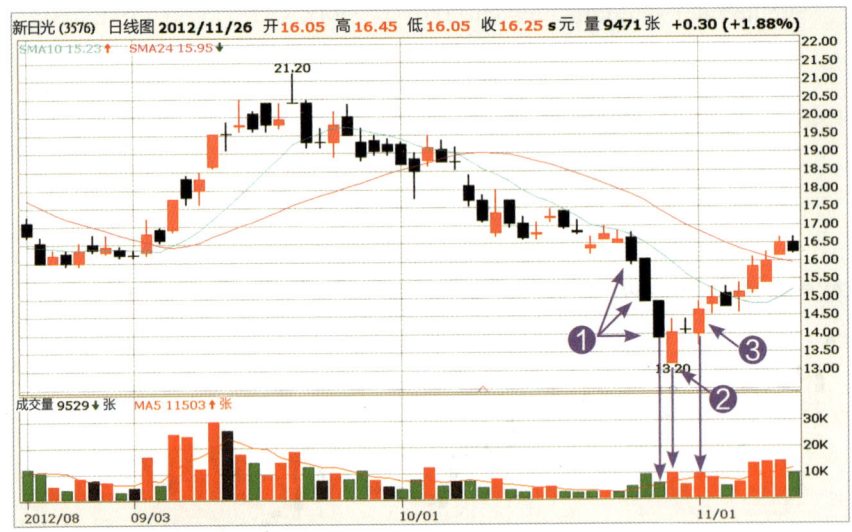

资料来源：富邦e01电子交易系统

❶ 空头连续急跌长黑K线，同时出现窒息量。

❷ 放量红K线，出现止跌信号。

❸ 放量红K线收盘突破前一日最高点才确认反弹，可以做短线的抢反弹。

第1章 ▶▶▶ 长红和长黑K线：走势的关键

资料来源：富邦e01电子交易系统

❶ 空头连续急跌长黑K线，同时出现爆大量。

❷ 出现放量长红K线，是止跌信号，同时收盘突破前一日最高点，确认反弹，可以做短线的抢反弹。

位置6：空头下跌中的盘整跌破

跌破盘整，股价将继续下跌一段，是做空的机会。

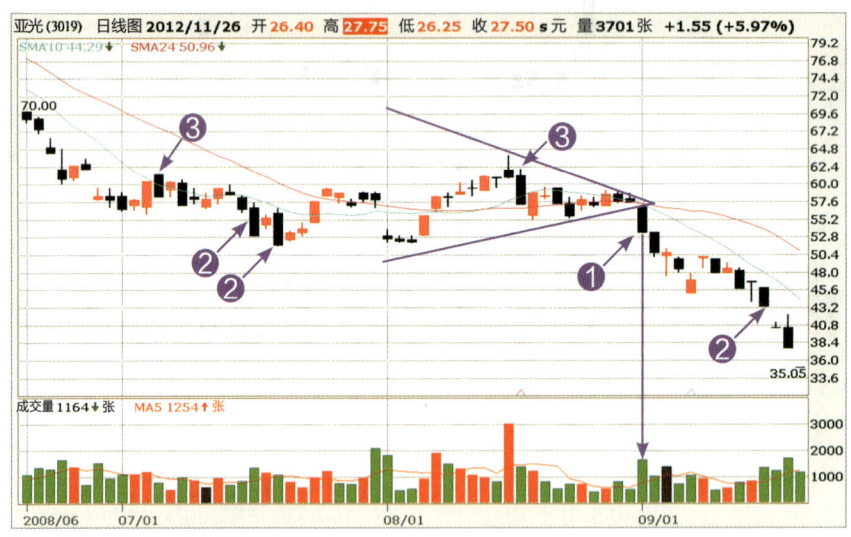

资料来源：富邦e01电子交易系统

❶ 空头下跌趋势的盘整，出现大量长黑K线的跌破，是做空的机会，还会继续下跌一段。

❷ 空头下跌行进中出现大量长黑K线，不可随便接股票。

❸ 空头下跌反弹出现长黑K线，反弹结束，可以准备做空。

第2篇

第1章 ▶▶▶ 长红和长黑K线：走势的关键

大量长黑K线的支撑与压力

出现大量长黑K线，股价下跌之后，该长黑K线是重要的压力，压力分为3个重要观察价位，分别是长黑K线的最低点、长黑K线的½价位（最高价+最低价，然后除以2），以及长黑K线的最高点。

1. 长黑K线的最低点被突破

代表向下力道减弱，必须在3~5日之内再跌到长黑K线的最低点之下，否则要注意是否转折向上反弹。

2. 长黑K线的½价位被突破

代表长黑K线当天空方交易的平均成本被突破，容易产生大量的回补买单，这时长黑K线的空方气势已经出现向上的变化。

3. 长黑K线的最高点被突破

代表多空易位，转为多方主导的态势，同时该长黑K线反而变成日后股价上涨的重要支撑观察点。

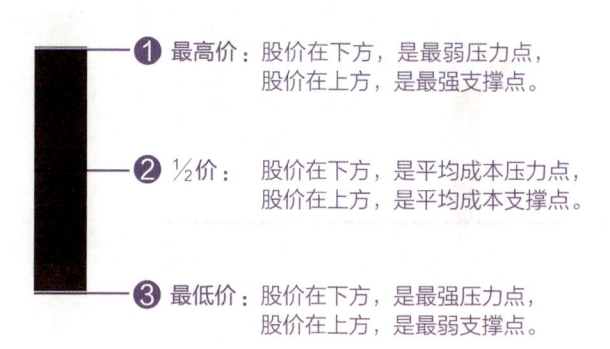

❶ 最高价：股价在下方，是最弱压力点，
　　　　　股价在上方，是最强支撑点。

❷ ½价：股价在下方，是平均成本压力点，
　　　　股价在上方，是平均成本支撑点。

❸ 最低价：股价在下方，是最强压力点，
　　　　　股价在上方，是最弱支撑点。

071

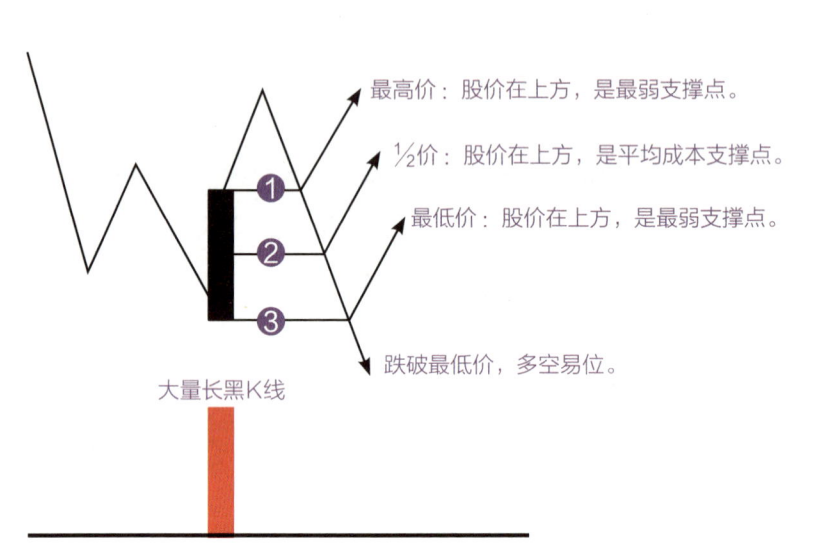

① 最高价：股价在上方，是最弱支撑点。

② 1/2价：股价在上方，是平均成本支撑点。

③ 最低价：股价在上方，是最弱支撑点。

跌破最低价，多空易位。

大量长黑K线

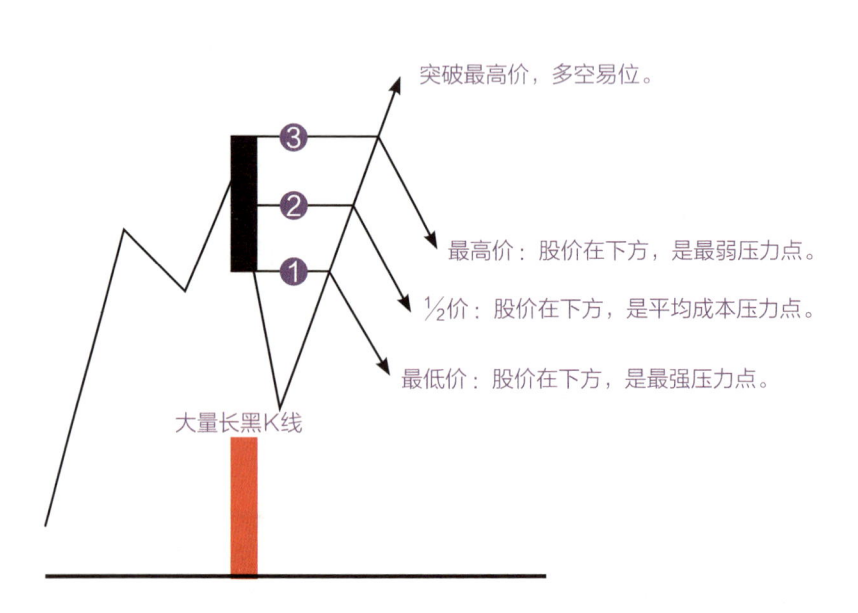

突破最高价，多空易位。

③ 最高价：股价在下方，是最弱压力点。

② 1/2价：股价在下方，是平均成本压力点。

① 最低价：股价在下方，是最强压力点。

大量长黑K线

第1章 ▶▶▶ 长红和长黑K线：走势的关键

资料来源：富邦e01电子交易系统

❶ 下跌低档出现大量长黑K线。

❷ 后2日股价站上大量长黑K线的最低点。

❸ 后3日股价站上大量长黑K线的½价位。

❹ 股价站上大量长黑K线的最高点，反转成多头走势。

资料来源：富邦e01电子交易系统

❶ 出现大量长黑K线的位置。

❷ 大量长黑K线的最高点被突破，多空易位，反弹或反转向上。

第1章 ▶▶▶ 长红和长黑K线：走势的关键

小测验

研读完本章内容后，请试着回答以下问题：

1 何时出现大量长红K线，表示可以买进？

2 何时出现大量长红K线，表示不能买进？

（答案见下页）

小测验解答

1. 何时出现大量长红K线，表示可以买进？

（1）空头急跌、爆量之后的收盘过昨日最高点的大量长红K线。

（2）空头转多头打底期间的底底高的大量长红K线。

（3）空头转多头第一次过前高，多头确认的大量长红K线。

（4）多头回档没有跌破前面最低点，止跌回升的大量长红K线。

（5）走势当中盘整完成向上突破的大量长红K线。

2. 何时出现大量长红K线，表示不能买进？

（1）日线高档的大量长红K线。

（2）连续三根长红K线的位置。

（3）接近前高压力位置的大量长红K线。

（4）盘整区中的大量长红K线。

（5）空头反弹的大量长红K线。

（6）多头出大量后回档，跌破前低之后的反弹长红K线。

特别叮咛

行情走势中，关键位置的突破或跌破、多头做多的位置、空头做空的位置，大多会出现长红K线或长黑K线，我们称为关键K棒，读者要特别关注，别错失重要的进出场机会。

了解长红、长黑单一K棒在不同位置的意义，看图时即能一目了然。

第2章 中红和中黑、小红和小黑K线

实体中红K线

定义

开盘与收盘上下幅度达2.5%～4.5%、开低走高的实体红K线,而且是没有上下影线的实体K棒,即使有,也只能有很小的影线。

解说

中红K线,当天开盘是最低价,然后买盘拉抬,最后上涨2.5%～4.5%,到当天最高价收盘,所以当天是多方中强。

精通

1. 中红当天的实体要比长红略短,观察的重点与长红K线相同,出现在不同趋势、不同位置,代表的意义也不同,详见第2篇第1章。

2. 中红K线可以合并观察,例如连续2天或3天的中红上涨,出现大量,可视为长红K线爆大量;如果出现在底部或多头关键上攻的位置,当然很

好，但是如果出现在高档，日后股价不涨或下跌，可就大大不好了。

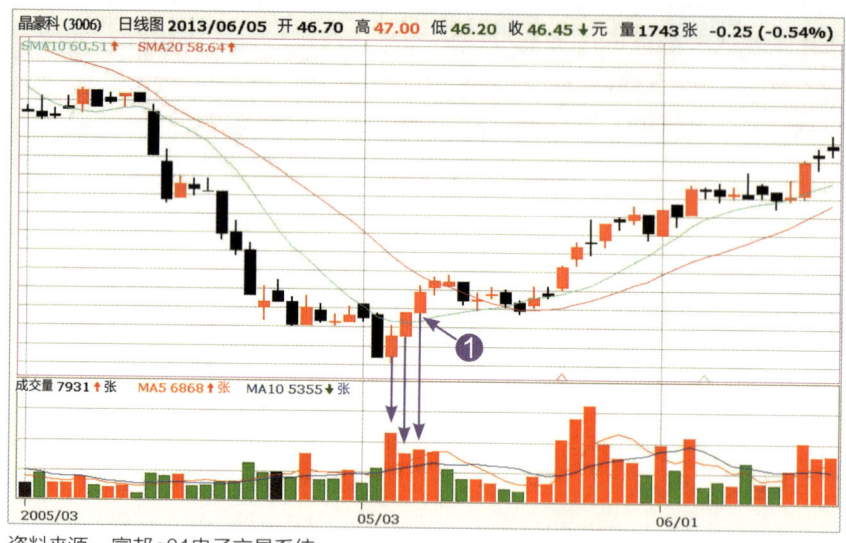

资料来源：富邦e01电子交易系统

❶ 空头低档连续出现反弹的带大量中红K线，合并看就是一根低档大量长红K线的吞噬，是转折向上的信号。

第2章 ▶▶▶ 中红和中黑、小红和小黑K线

实体中黑K线

定义

开盘与收盘上下幅度达2.5%～4.5%以内，开高走低的实体黑K线，而且是没有上下影线的实体K棒，即使有，也只能有很小的影线。

解说

中黑K线，当天开盘是最高价，然后卖盘出笼，最后下跌2.5%～4.5%，到当天最低价收盘，所以当天是空方中强。

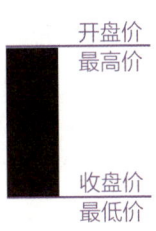

开盘价
最高价

收盘价
最低价

精通

1. 中黑当天的实体要比长黑略短，观察的重点与长黑K线相同，出现在不同趋势、不同位置，代表的意义也不同，详见第2篇第1章。

2. 中黑K线可以合并观察，例如连续2天或3天的中黑下跌，出现大量，可以视为长黑K线爆大量下跌；如果出现在头部或空头关键下跌位置，自然可以做空，但是如果出现在低档，日后股价不跌或上涨，就要注意是否要打底。

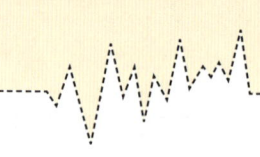

实体小红和小黑K线

定义

开盘与收盘上下幅度在2.5%以下的实体小红K线和小黑K线。

最高价
收盘价

开盘价
最低价

解说

小红K线表示当天多头略强，小黑K线表示当天空头略强。

最高价
开盘价

收盘价
最低价

精通

1. 在多头上涨行进中，小红K线或小黑K线可以视为行进中的休息，当天多空双方都没有太大的企图拉或杀股票。

2. 在底部打底、头部盘头或一般盘整时的小红K线或小黑K线，表示没有什么波动，股价还要盘整，观察即可。

3. 多头连续小红K线上涨，称为"碎步上涨"，股价看涨，近日容易出现一根中长红K线。

4. 空头连续小黑K线下跌，称为"碎步下跌"，股价看跌，近日容易出现一根中长黑K线。

5. K线横盘时也经常出现小红K线或小黑K线，应静待横盘结束后的突破或跌破再动作。

6 在关键位置，例如盘整结束后的突破或跌破、压力的突破或支撑的跌破、多头回档后再上涨、空头反弹后再下跌，如果出现小红K线或小黑K线，力道不足，需要再确认。

第2章 ▶▶▶ 中红和中黑、小红和小黑K线

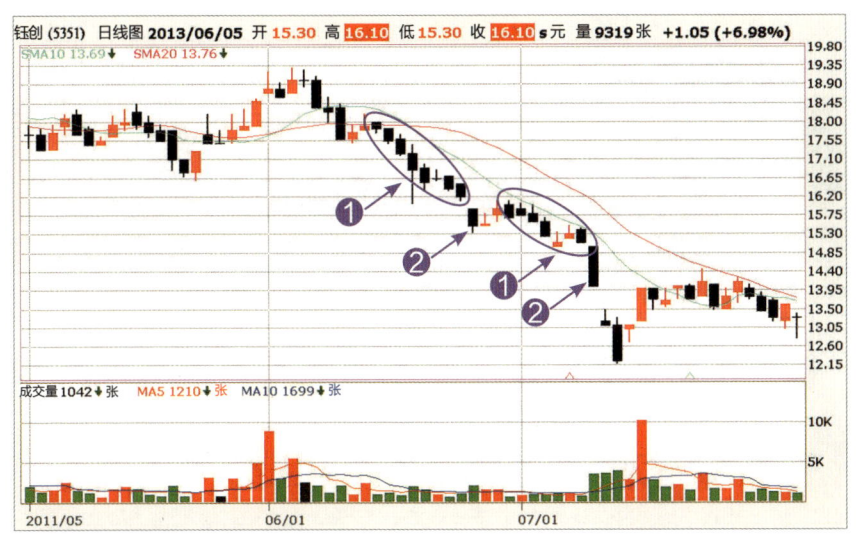

资料来源：富邦e01电子交易系统

❶ 空头下跌连续出现小黑K线，称为"碎步下跌"。

❷ "碎步下跌"容易出现大跌。

081

第3章 含上影线的中长红和中长黑K线

🗣 含上影线的长红和中红K线

定义

红K线实体达2.5%以上，上方留有上影线，但上影线不能大于实体。

解说

在行情走势图中，不论多头上涨、空头下跌或盘整，都可以看到含上影线的长红K线或中红K线。就单一K线而言，当天是多方强，在多方向上时遇到了卖压，股价会由最高点拉回。

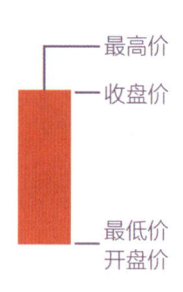

— 最高价
— 收盘价
— 最低价
  开盘价

精通

1. 含上影线的长红K线或中红K线，即所谓的"线不实"，多方无法把股价收在最高点，被空方压回而留上影线。

2. 在盘整区出现含上影线的长红K线或中红K线，表示向上有压力，可能还要整理。

第3章 ▶▶▶ 含上影线的中长红和中长黑K线

3. 在多头走势的关键位置，例如盘整突破、压力突破、多头回档后再上涨，如果出现含上影线的长红K线或中红K线，要看红K线收盘的股价有否突破，如果只是上影线突破，收盘价没有突破，容易是假突破，次日股价必须开高往上，否则容易遇压拉回。

4. 多头上涨的第2或第3根K线，如果出现含上影线的长红K线或中红K线，表示涨多后出现获利卖压，操作应以个人纪律执行。

5. 多头上涨到高档，出现含上影线的长红K线或中红K线，如果爆大量，表示主力拉高出货，日后股价如不涨或下跌，是回档的信号。

6. 空头走势下跌时，反弹出现含上影线的长红K线或中红K线，表示反弹遇到卖压，容易反弹结束。

7. 空头走势下跌到低档，出现含上影线的长红K线或中红K线，代表止跌信号，注意次日的K线发展。

资料来源：富邦e01电子交易系统

❶ 当天出现带大量及含上影线的中红K线，主力拉高出货。

❷ 高档再出现带大量及含上影线的中红K线，主力拉高出货。

❸ 股价不涨，跌破盘整，行情走空。

第3章 ▶▶▶ 含上影线的中长红和中长黑K线

资料来源：富邦e01电子交易系统

❶ 底部打底完成放量上涨。

❷ 遇到前面高点A的压力，当天出现含上影线的中红K线，表示有卖压。上影线最高点虽然突破前面高点A，但收盘价没有突破前面高点A，同时量缩，后面还要再回档整理。

含上影线的长黑K线或中黑K线

定义

黑K线实体达2.5%以上，上方留有上影线，但上影线不能大于实体。

解说

在行情走势图中，不论多头上涨、空头下跌或盘整，都可以看到含上影线的长黑K线或中黑K线。就单一K线而言，当天是空方强，开盘后股价一度上涨，但空方力道强，股价一路下跌到最低点收盘。

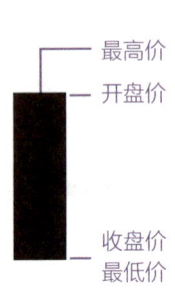

最高价
开盘价
收盘价
最低价

精通

1. 含上影线的长黑K线或中黑K线，无论在多头或空头，都是相当弱势的表现，要注意多头可能止涨，空头还会续跌。

2. 在盘整区出现含上影线的长黑K线或中黑K线，表示向上有压力，可能还要整理。

3. 在空头走势的关键位置，例如盘整跌破、支撑的跌破、空头反弹后再下跌，如果出现含上影线的长黑K线或中黑K线，只要收盘价跌破，即可确认。

4. 连续下跌时，出现含上影线的长黑K线或中黑K线，之后股价不跌或向上，配合大量过黑K线的上影线最高点，行情变成反转向上。

第3章 ▶▶▶ 含上影线的中长红和中长黑K线

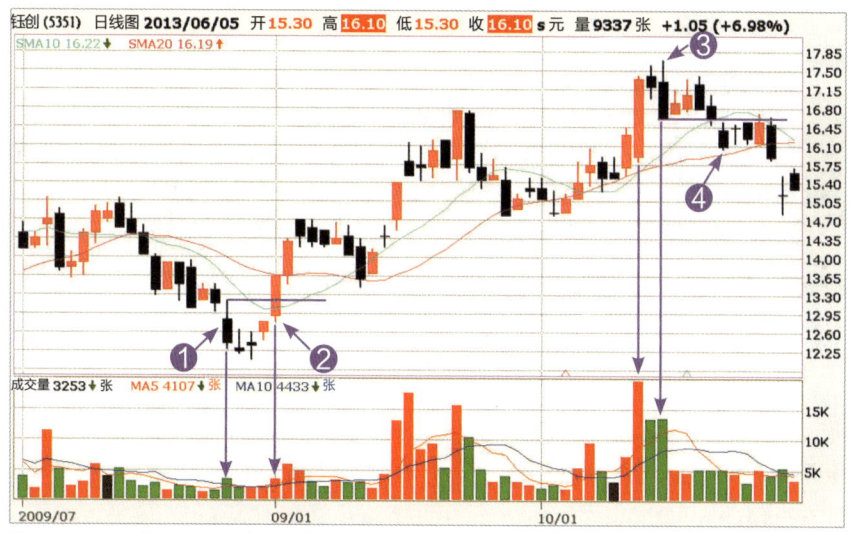

❶ 连续下跌出现放量的含上影线的长黑K线，次二日出现小十字变盘线，股价不再下跌。

❷ 放量的长红K线，收盘突破含上影线的长黑K线的最高点，行情反转，由空转多。

❸ 高档爆量长红K线，次日股价不涨，次二日出现含上影线的长黑K线。

❹ 含上影线的中黑K线，跌破含上影线的长黑K线的最低点，行情反转，由多转空。

第4章 含下影线的中长红和中长黑K线

含下影线的长红或中红K线

定义

红K线实体达2.5%以上，下方留有下影线，但下影线不能大于实体。

解说

在行情走势图中，不论多头上涨、空头下跌或盘整，都可以看到含下影线的长红K线或中红K线。就单一K线而言，当天是多方强，开盘后曾经跌破平盘下杀，但多方最后拉升到最高点收盘。

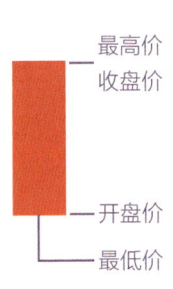

最高价
收盘价
开盘价
最低价

精通

1. 含下影线的长红K线或中红K线，在多头表示继续上涨，但在高档，要注意爆大量股价不涨或下跌的信号。

2. 在多头走势的关键位置，例如盘整突破、压力的突破、多头回档后再上涨，如果出现大量及含下影线的长红K线或中红K线，是上涨攻击的

第4章 ▶▶▶ 含下影线的中长红和中长黑K线

信号。

3. 空头走势中，出现带大量及含下影线的长红K线或中红K线，可能只是止跌或反弹的信号，小心是诱多的红K线，不是做多的买点。

4. 连续下跌中遇到支撑，出现含下影线的长红K线或中红K线，是有支撑的信号，注意次日开盘的走势，如果开高向上，则支撑确认。

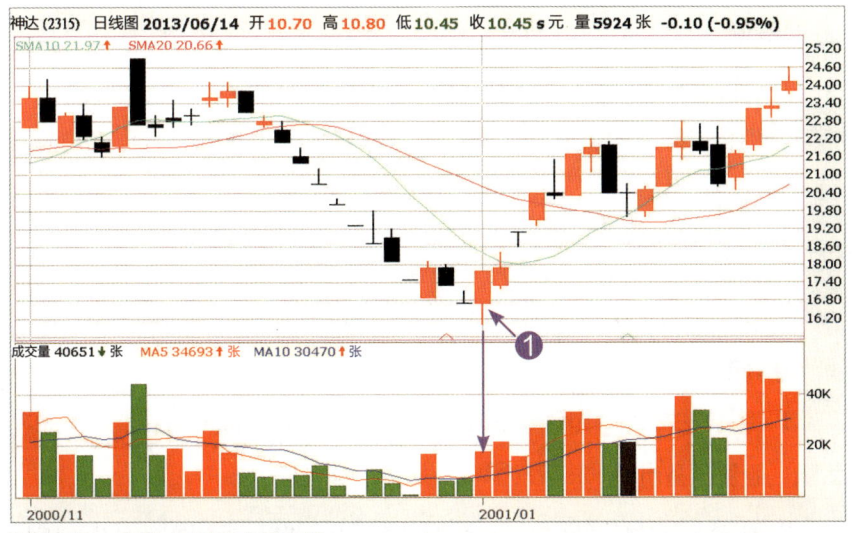

资料来源：富邦e01电子交易系统

❶ 连续下跌到低档，出现放量及含下影线的中红K线，是有支撑的信号，注意后续走势，如果向上，则支撑确认。

含下影线的长黑或中黑K线

定义

黑K线实体达2.5%以上，下方留有下影线，但下影线不能大于实体。

解说

在行情走势图中，不论多头上涨、空头下跌或盘整，都可看到含下影线的长黑K线或中黑K线。就单一K线而言，当天是空方强，开盘就是最高点，一路下跌，但下面有多方抵抗的力量，拉升到收盘价，留下了下影线。

精通

1. 含下影线的长黑K线或中黑K线，在多头是止涨的信号，在高档爆大量，股价容易出现一日反转。

2. 在空头走势的关键位置，例如盘整跌破、支撑的跌破、空头反弹后再下跌，如果出现带大量及含下影线的长黑K线或中黑K线，是继续下跌的信号。

3. 下跌到支撑位置或空头低档，出现带大量及含下影线的长黑K线或中黑K线，表示当天跌深后有多单进场拉抬，注意次日股价是否止跌或回升。

4. 下跌中遇到支撑，出现含下影线的长黑K线或中黑K线，如果收盘价没有跌破支撑，只是下影线跌破，不是真跌破，次日要再确认。

5. 下跌中连续出现含下影线的红K线或黑K线，表示主力杀低吸货，

第4章 ▶▶▶ 含下影线的中长红和中长黑K线

要注意后面止跌反转的信号。

资料来源：富邦e01电子交易系统

❶ 多头回档出现含下影线的中黑K线，盘中最低点跌破前面K线的横盘下颈线，但收盘价没有跌破，不是真跌破。后续股价一直没跌破前面K线的横盘下颈线，多头维持继续上涨。

资料来源：富邦e01电子交易系统

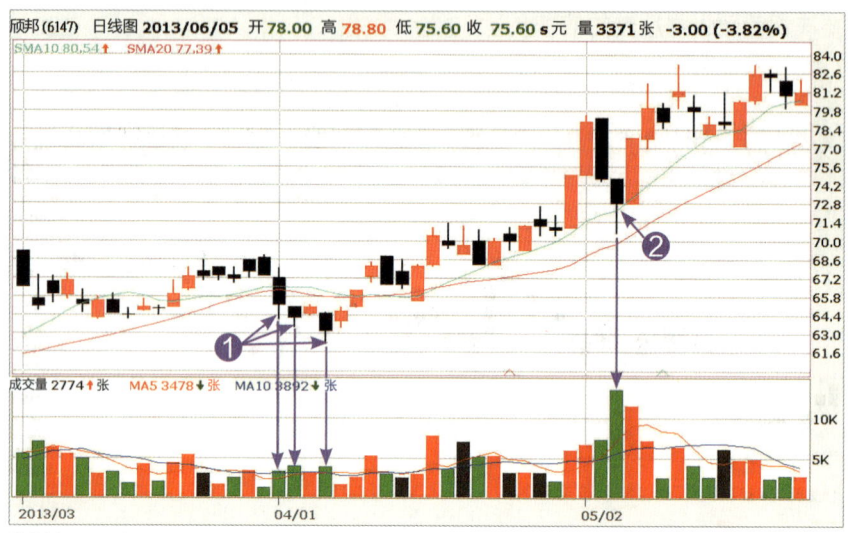

❶ 下跌中连续出现含下影线的中黑K线，同时出大量，主力杀低吸货，容易止跌回升。

❷ 多头回档遇到支撑，接近月线出现含下影线的中黑K线，同时爆出大量，是止跌信号，次日开高走高，多头继续上涨。

第5章 ▶▶▶ 锤子线、吊人线、倒锤线

第5章 锤子线、吊人线、倒锤线

锤子线与吊人线：超长下影线的小实体K线

定义

下影线很长，至少是实体的2倍以上。小的实体在上方，实体是红K线或黑K线。相同的线型，不分红K线或黑K线，实体在上涨走势的顶端称为"吊人线"，在下跌走势的低点称为"锤子线"。

解说

没有上影线，如有必须很小。在高档，代表多方向上涨势受阻，盘中跌破开盘，最后的收盘接近开盘价。在低档，代表空方有止跌现象，下跌到最低点出现向上拉的多方力量，最后收盘拉到接近开盘价。

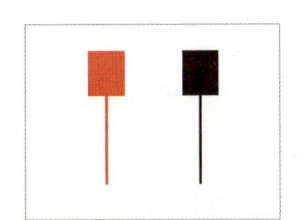

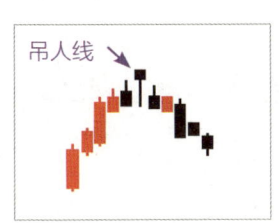

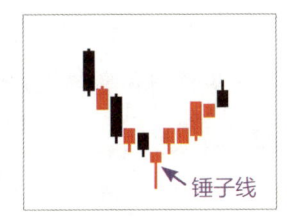

093

> **精通**

1. 强势上涨到高点，出现吊人线，以当天情况来看，开盘在高点，接着出现卖压，最后再拉到最接近最高价做收，可确认当天经过下杀的洗盘换手或者是主力出货后再往上拉来诱多。要确认主力是否出货，次日的走势非常重要。

次日出现以下情况，都是主力出货，这样的上涨走势就会改变，甚至变成上涨架构的瓦解。

● 次日开盘向下跳空大跌，多头上涨架构瓦解的可能性大大提高，容易一日反转或做头。

● 次日开低向下，或开高走低，收盘跌破吊人线的实体下沿，转折向下的可能性大增，多单要考虑准备出场。

● 在高档，吊人线当天或前一两天爆出大量，次日开低向下，或开高走低，几乎可以确定昨日是主力出货。

● 高档连续出现2～3根吊人线或搭配其他下杀的K线信号（如高档长黑、变盘线、出大量开高走低下跌黑K线等），转折向下的概率高。

2. 强势下跌到低点，出现锤子线，以当天的情况来看，开盘在高点，接着出现卖压，盘中到达最低点后，多头反攻，往上再拉到最高价或接近开盘价做收，可以确认当天经过原先空头走势的下跌，然后有一些多方力量介入，要确认多头是否反攻成功，次日的走势非常重要。

次日出现以下情况，都是先下跌后多方反攻，下跌走势可能改变，甚至是空头架构被破坏，成为向上回升的信号。

● 次日开盘向上跳空大涨，空头结构瓦解的可能性大大提高，容易一日反转或打底。

● 次日开高走高或开低向上，收盘突破锤子线实体的上沿，转折向上

第5章 ▶▶▶ 锤子线、吊人线、倒锤线

的可能性大增，空单要考虑出场。

● 在低档，锤子线当天或前一两天爆出大量，或者当天出现窒息量，次日开高向上，几乎可以确定是转折向上反弹。

● 下跌到低档或重要支撑位置，出现锤子线，也可视为向下打桩的长钉，如果连续出现2~3根的锤子线，打桩的形态更加明显，容易形成止跌回升或强力反弹。

资料来源：富邦e01电子交易系统

❶ 高档带大量吊人线，次日向下跳空下跌，整个多头架构改变。

资料来源：富邦e01电子交易系统

❶ 前一日高档大量长红，当日该上攻没有上涨，出现吊人线，要特别注意不能跌破吊人线实体下沿，否则可能是假突破、真下跌。次日跳空下跌长黑，转成空头。

❷ 低点出现锤子线，实体上沿被突破，整个空头架构改变。

第5章 ▶▶▶ 锤子线、吊人线、倒锤线

资料来源：富邦e01电子交易系统

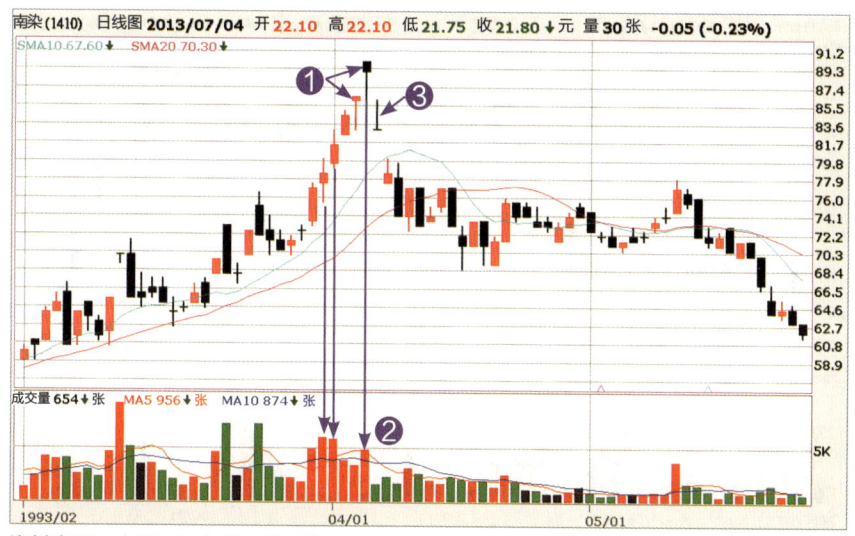

❶ 上涨到高档，连续出现2天的吊人线，是主力在诱多，不能买进，要特别注意次日不能开低盘。

❷ 连续上涨出现价量背离，随时都会转折下跌。

❸ 次日跳空下跌，不仅会下跌，而且整个多头架构都会改变。

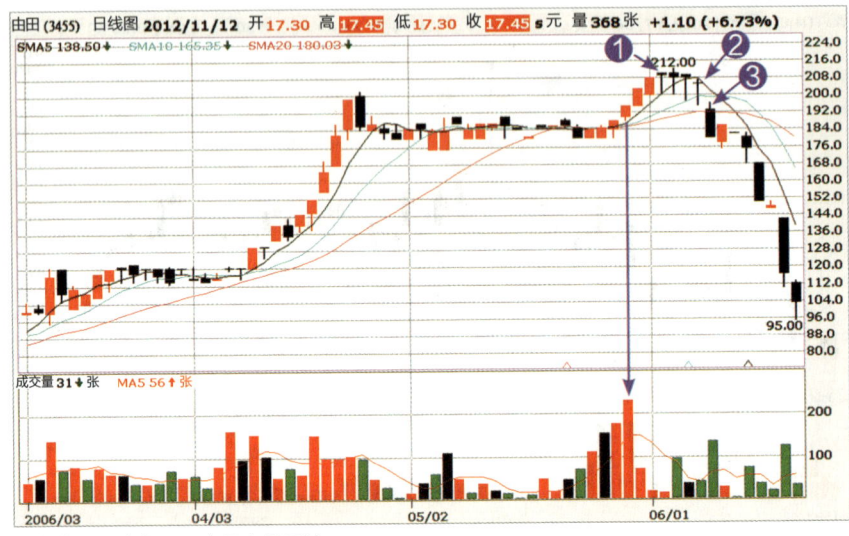

资料来源：富邦e01电子交易系统

❶ 上涨到高档，连续出现3天的吊人线，是主力在诱多，不能买进，要特别注意次日不能开低盘。

❷ 开低盘，收盘跌破吊人线的实体下沿，转折下跌。

❸ 跳空下跌，不仅会下跌，而且整个多头架构都会被破坏。

第5章 ▶▶▶ 锤子线、吊人线、倒锤线

资料来源：富邦e01电子交易系统

❶ 上涨到高档，前一日为大量长红，今日没有继续上攻，出现黑K吊人线，是转折向下的信号，要特别注意次日不能开低盘，或者收盘跌破吊人线的实体下沿。

❷ 连续3天都在吊人线的实体下方收变盘线，第4天往下跌，整个多头架构都容易改变。

资料来源：富邦e01电子交易系统

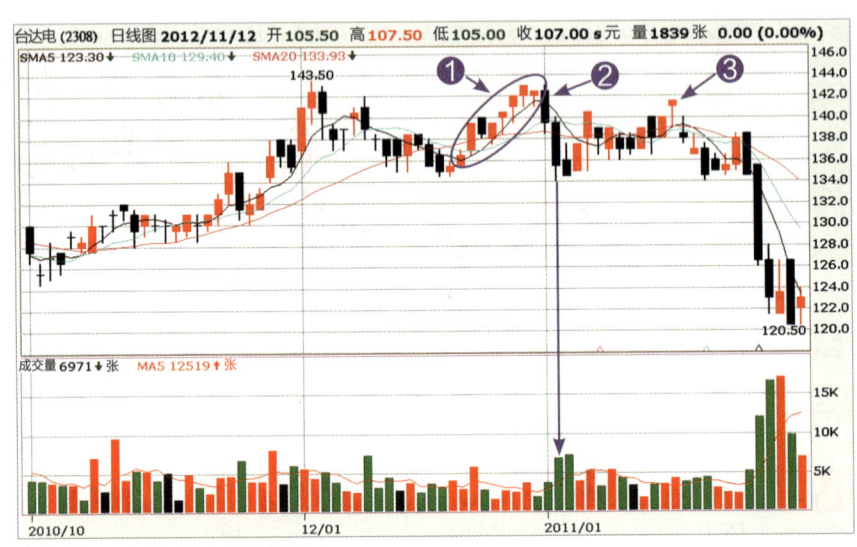

❶ 高档连续出现吊人线，是转折向下的信号，要特别注意。

❷ 长黑K线跌破吊人线的实体下方，开始做头。

❸ 高档再次出现吊人线，次日向下跳空，形成三尊头，而且头头低，空头架构即将形成。

第 5 章 ▶▶▶ 锤子线、吊人线、倒锤线

资料来源：富邦e01电子交易系统

❶ 下跌到低档，出现锤子线，前一日为大量中红止跌，是转折向上的信号，要特别注意次日，如果开高盘向上，确定转折向上。

❷ 次日开高走高，整个空头架构改变。

资料来源：富邦e01电子交易系统

❶ 下跌到低档盘整，出现锤子线，是转折向上的信号，要特别注意次日，如果开高盘向上，确定转折向上。

❷ 次日开高走高，整个空头架构改变。

第5章 ▶▶▶ 锤子线、吊人线、倒锤线

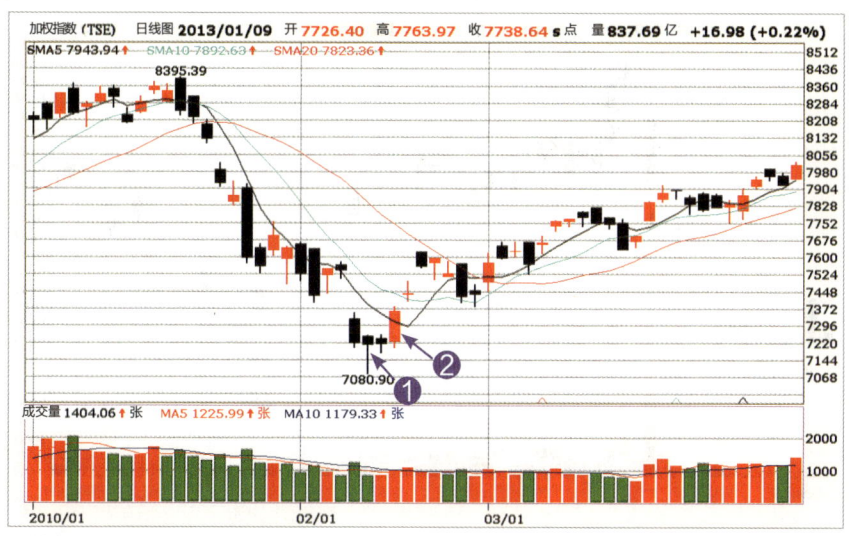

资料来源：富邦e01电子交易系统

❶ 下跌到低档，出现锤子线，是转折向上的信号，次日再出现小十字线的变盘线，注意转折向上的信号。

❷ 当天开高走高，长红突破前3日K线最高点，整个空头架构改变。

资料来源：富邦e01电子交易系统

❶ 上涨到高档，出现爆量含下影线的长黑K线，是转折向下的信号，次日若开低股价，容易一日转折向下。

❷ 高档出现带大量吊人线，要注意次日开盘走势。

❸ 当天出现开低走低的长黑K线，股价将反转。

❹ 低档连续两天出现锤子线，注意股价是否止跌回升。

❺ 股价止跌，再出现锤子线。

❻ 连续3天股价都突破锤子线实体上沿，空头反转确认。

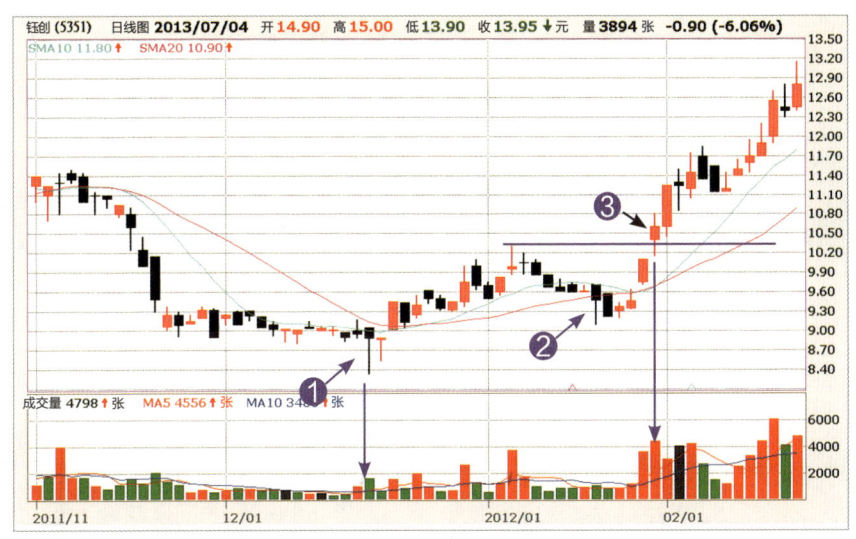

第5章 ▶▶▶ 锤子线、吊人线、倒锤线

资料来源：富邦e01电子交易系统

❶ 下跌到低档出现锤子线，是转折向上的信号。

❷ 低档第2次出现锤子线，注意可能是双脚打桩，后续股价向上，空头底部呈现底底高，容易反转成为多头。

❸ 大量突破前面最高点，多头确认。

倒锤线：超长上影线的小实体K线

定义

上影线很长，至少是实体的2倍以上。小的实体在下方，实体可以是红K线或黑K线。

解说

在多头上涨或反弹走势中出现倒锤线，是容易转折向下变盘的信号。在下跌走势或多头回档中出现倒锤线，是容易转折向上变盘的信号。

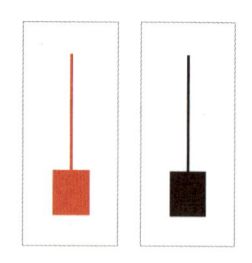

精通

出现倒锤线，一定要用第二天的K线来确认，否则在上涨中只能解读为遇到大压力，在下跌中只能解读为出现上攻力量。从次日开盘走势，可以看出是往上转折还是往下转折。

在多头上涨时出现倒锤线：

1. 次日开低向下，收盘低于倒锤线实体下沿，可确认为转折向下。如倒锤线当天或前一两日出现大量，更可确认为反转。

2. 连续出现2根倒锤线，其中出现爆大量，或者第2根倒锤线跳空向下，更能确定走势是反转走跌。

3. 出现2根倒锤线，即使次日再上涨，高点也不会太多，谨防假过高、真拉回。

4. 出现2根倒锤线，第2根倒锤线最低点被跌破时，多单要出。

第5章 ▶▶▶ 锤子线、吊人线、倒锤线

5. 多头高档时，K线频频出现倒锤线，表示上档卖压重，要注意股价不涨或回跌。

6. 上涨遇到重要压力位置，出现倒锤线，表示卖压出现，要注意次日股价开低容易折返。

7. 多头上涨时，倒锤线突破前面高点、盘整末端突破上颈线，要确认上涨是否冲破重要压力，观察重点如下：

- 只有倒锤线的上影线突破，但实体没有突破，不能视为有效突破，容易成为假突破，要注意后面几天走势。

资料来源：富邦e01电子交易系统

❶ 高档出现2次倒锤线，这是转折向下的信号，次日跌破倒锤线实体下沿，确定转折向下。

● 倒锤线实体突破，必须有大量；无量的倒锤线，即使实体突破，也容易拉回。

● 未突破压力前的K线出现爆大量的长红K线，突破当天如出现倒锤线，要注意股价容易回档。

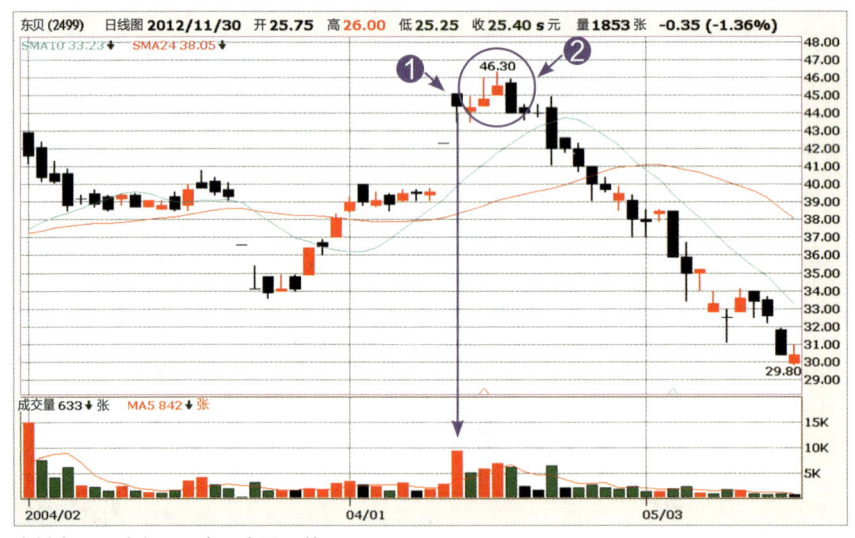

资料来源：富邦e01电子交易系统

❶ 高档出现爆量吊人线，注意行情转折。

❷ 高档出现2次倒锤线，是转折向下的信号，次日跌破倒锤线实体下沿，多头架构被破坏，确定转折向下。

在空头下跌时出现倒锤线：

1. 次日开高向上，收盘高于倒锤线实体上沿，可确认为转折向上，如果倒锤线当天或前一两日出现大量或窒息量，更可确认为反转。

2. 连续出现2根倒锤线，或者第2根倒锤线是跳空向上，更能确定走势是反转向上。

第5章 ▶▶▶ 锤子线、吊人线、倒锤线

3. 出现2根倒锤线，即使次日再下跌，要注意低点也不会太多，谨防假跌破、真向上。

4. 出现2根倒锤线，第2根倒锤线最高点被突破时，空单要出。

5. 空头低档时，K线频频出现倒锤线，表示多方屡次试图反攻，要注意股价不跌或回升。

6. 下跌遇到重要支撑位置，出现倒锤线，表示支撑力道出现，要注意次日股价开高上涨信号。

7. 空头下跌时，倒锤线跌破前面低点、盘整末端跌破下颈线，要确认下跌是否跌破重要支撑，观察重点如下：

- 只要倒锤线的实体跌破，即使上影线没有跌破，仍为有效跌破，但要注意后面几天的走势。

- 倒锤线跌破，不一定有大量，有量和无量的倒锤线实体跌破，都会造成下跌。

- 未跌破支撑前的K线出现爆大量的长黑K线，或窒息量的黑K线，接着出现倒锤线，可视为止跌信号，后续要注意是否反转。

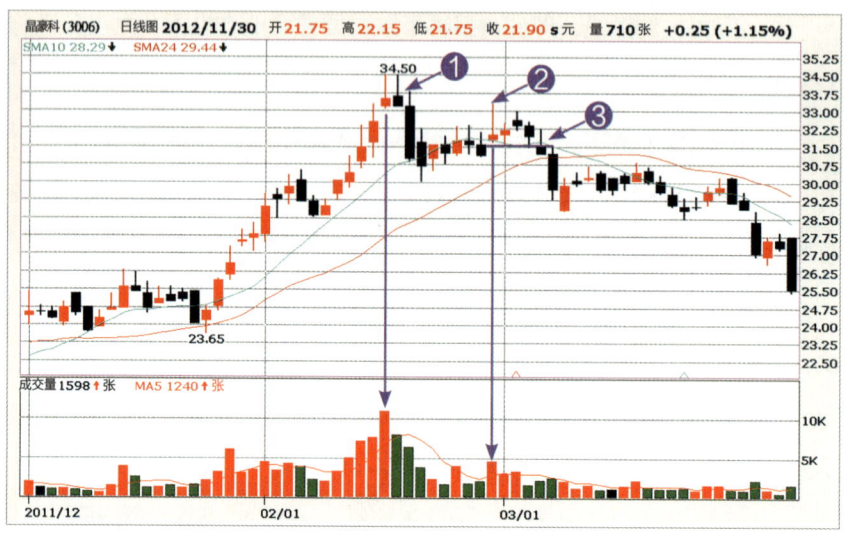

资料来源：富邦e01电子交易系统

❶ 高档出现并排双倒锤线，同时爆大量，注意行情转折，次日长黑K线跌破倒锤线实体下沿，转折向下。

❷ 反弹出现倒锤线，是转折向下的信号。

❸ 倒锤线跌破前面倒锤线实体下沿，同时波浪形态出现头头低，多头架构被破坏，确定转折向下。

第5章 ▶▶▶ 锤子线、吊人线、倒锤线

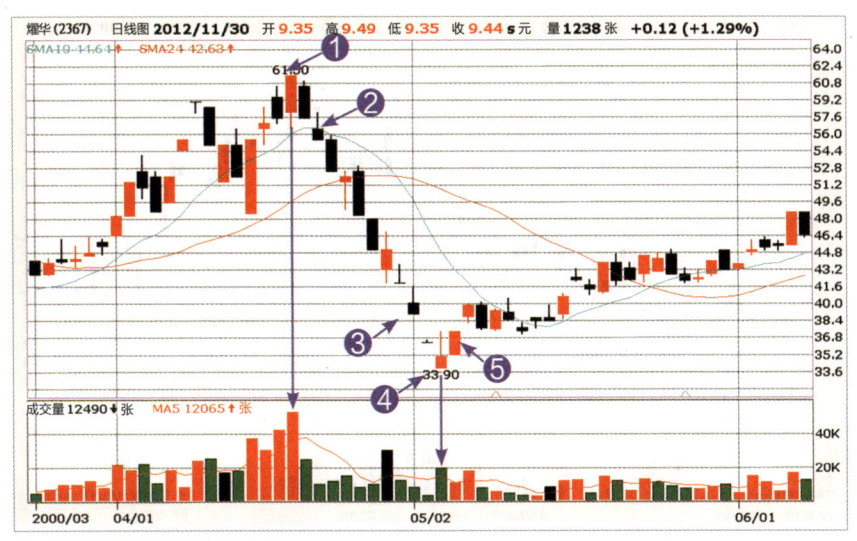

资料来源：富邦e01电子交易系统

❶ 高档爆大量的中红K线，次日开盘向下，出现股价不涨，此时要注意转折信号。

❷ 出现倒锤线，跌破前3日K线低档是转折向下。

❸ 低档出现倒锤线，但是次日股价开低，持续下跌。

❹ 低档再次出现放量倒锤线。

❺ 次日股价开高走高，收盘突破前一日倒锤线的实体上沿，股价易反弹。

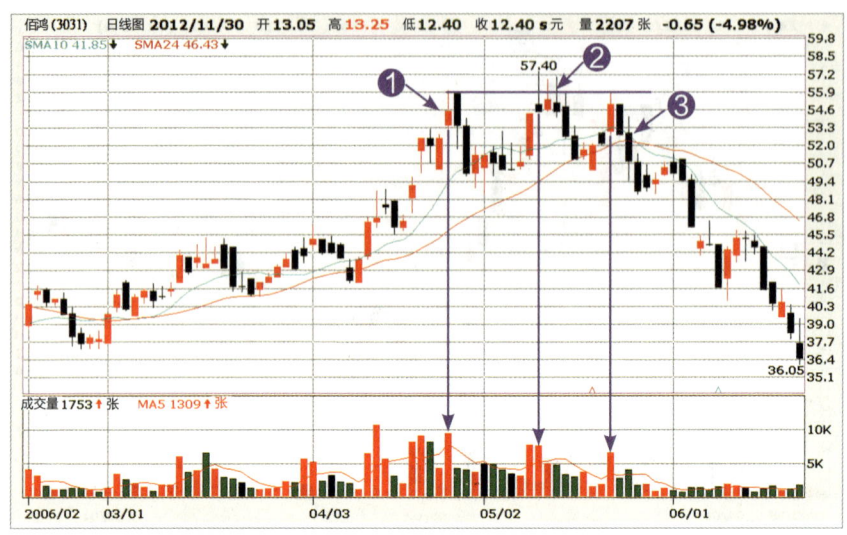

资料来源：富邦e01电子交易系统

❶ 高档爆大量的红K倒锤线，次日开高走低，出现股价不涨，要注意转折回档信号。

❷ 连续3天出现带大量倒锤线，虽然上影线过前面高点，但收盘价一直没突破前面高点，均为假突破。

❸ 再出现大量后的转折向下黑K线，头部形成三尊头，空头即将完成。

第5章 ▶▶▶ 锤子线、吊人线、倒锤线

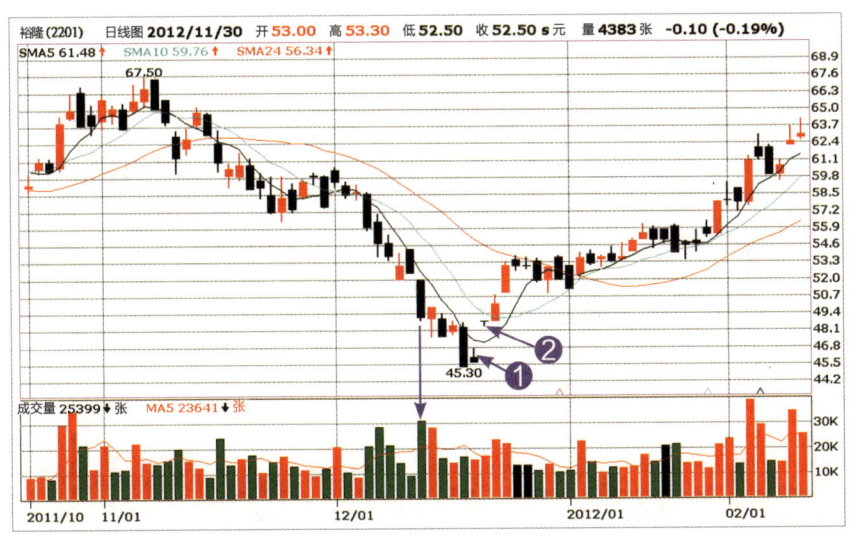

资料来源：富邦e01电子交易系统

❶ 下跌到低档出现大量后的倒锤线，是转折向上的信号。

❷ 次日跳空向上，确认转折向上。

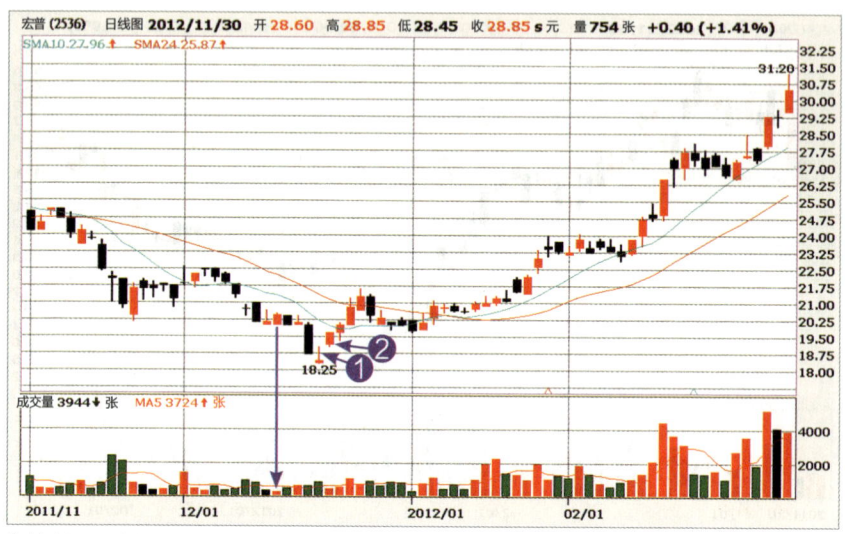

资料来源：富邦e01电子交易系统

❶ 下跌到低档出现窒息量后的倒锤线，是转折向上的信号。

❷ 次日跳空向上，确认转折向上。

第5章 ▶▶▶ 锤子线、吊人线、倒锤线

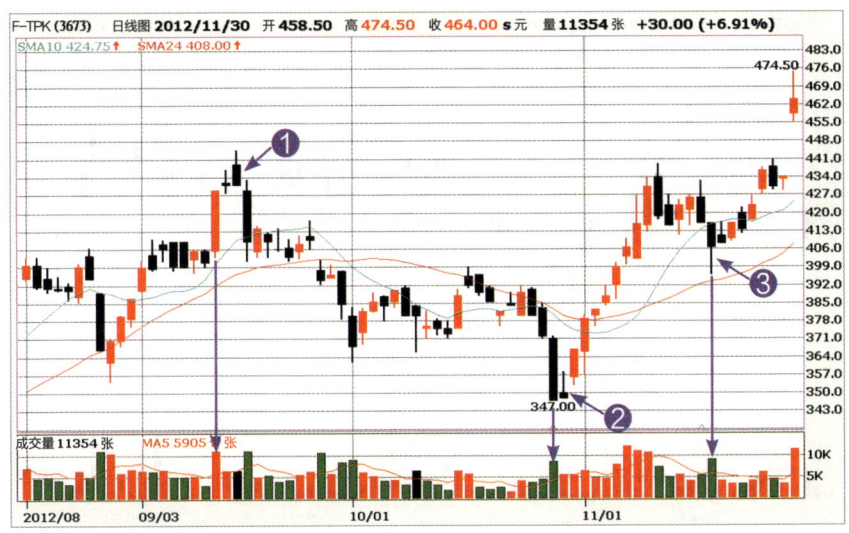

资料来源：富邦e01电子交易系统

❶ 上涨到高档出现大量长红，接着出现小十字线及中黑的倒锤线，次日开低走低，跌破倒锤线实体，股价转折向下。

❷ 低档出现大量长黑，次日出现倒锤线，第三天开高走高，长红突破倒锤线实体，确认转折向上。

❸ 多头回档接近月线，出现带大量锤子线，表示下档有支撑，后续股价不跌，股价容易继续上涨。

资料来源：富邦e01电子交易系统

❶ 上涨到高档出现带大量的倒锤线，收盘没有突破前面高点，接着3天的股价都无法过高，股价容易拉回。

❷ 观察之后的盘整走势，每次放大量的倒锤线之次日走低，都会造成股价拉回。

❸ 上涨连续2天大量，遇前压出现黑K线，次日容易下跌。

第2篇

第6章 ▶▶▶ 短纺锤线、长纺锤线、天剑线、蜻蜓线

第6章 短纺锤线、长纺锤线、天剑线、蜻蜓线

短纺锤线：含上影线及下影线的中长实体K线

定义

实体是中长红或是中长黑k线，含有上影线及下影线。

解说

当天无论是红K线多方强，或是黑K线空方强，都出现上下的拉锯，换句话说，当天不是一面倒的强多或强空。

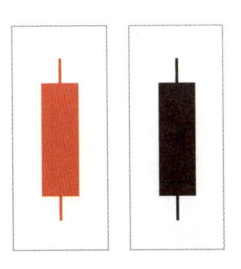

精通

1. 在一般位置的判断上，与中长红K线及中长黑K线差不多。
2. 在关键位置表示，上方出现一些压力，下方出现一些支撑。

117

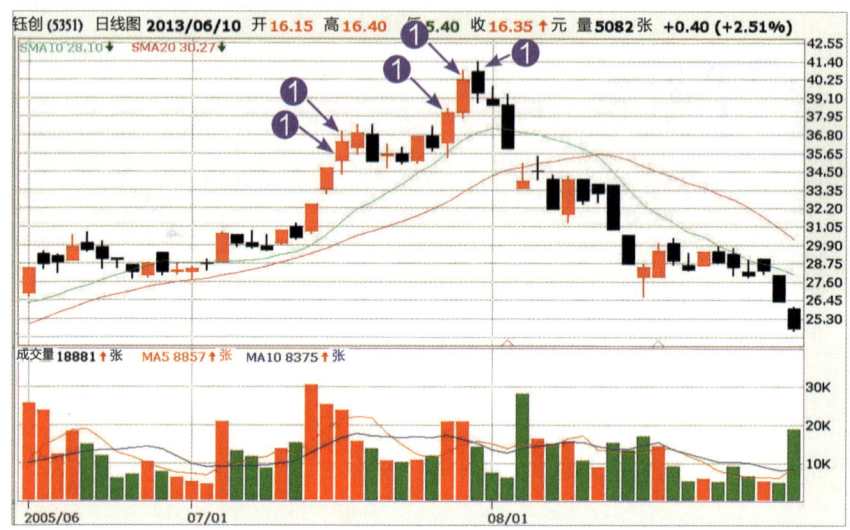

资料来源：富邦e01电子交易系统

❶ 上涨到高档，陆续出现含上影线及下影线的K线，多空开始拉锯，注意股价的转折下跌。

第6章 ▶▶▶ 短纺锤线、长纺锤线、天剑线、蜻蜓线

长纺锤线：含长上影线及长下影线的小实体K线

定义

上下影线很长，至少是实体的2倍以上。小的实体在中间，实体可以是红K线或黑K线。相同的线型，不分红K线或黑K线，实体在上涨的顶端或下跌的低点，都称为长纺锤线。

解说

这种K线表示当天多空双方拉锯激烈，最后收盘接近开盘，呈现多空平手的格局。在高档，表示多方上涨已经遭到很大的压力，股价变动剧烈，盘中一度向上，但是涨势受阻，最后回到接近原点。在低档，表示下跌遭遇很大的抵抗，有止跌现象，盘中下跌到最低点后出现买盘向上拉的多方力量，最后的收盘拉到接近开盘价。

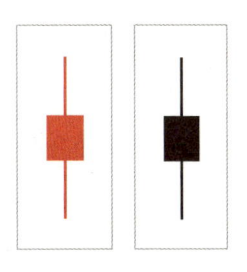

精通

1. 强势上涨到高点，出现长纺锤线，表示当天出现多空激战。必须观察次日的走势，才能够确认多空交战结果是多方胜还是空方胜。

● 次日开盘向下跳空大跌，多头上涨架构瓦解的可能性大大提高，如果有大量，容易一日反转或做头。

● 次日开低向下或开高走低，收盘跌破长纺锤线的实体下沿，转折向下的可能性大增，多单要考虑准备出场。

● 在高档，长纺锤线当天或前一两天爆出大量，次日开低向下或开高

119

走低，几乎可以确定是昨日主力出货。

● 高档出现连续2～3根的长纺锤线，或搭配其他下杀的K线信号（如高档长黑、变盘线、大量开高走低下跌黑K线等），转折向下的概率更高。

● 上涨到压力位置前出现大量长纺锤线，转折回跌的概率很高，要注意次日走势。

2. 强势下跌到低点，出现长纺锤线，表示原先空头走势的下跌之后，有多方买进，同时盘中多方曾经上攻到高点，是止跌的信号。次日出现以下情况，下跌走势可能改变，甚至是空头架构被破坏而转折回升。

● 次日开盘向上跳空大涨，空头架构瓦解的可能性大大提高，容易一日反转或打底。

● 次日开高走高或开低向上，收盘突破长纺锤线实体的上沿，转折向上的可能性大增，空单要考虑回补。

● 在低档，长纺锤线当天或前一两天爆出大量，次日开低向上或开低走高，几乎可以确定是昨日主力吸货。

● 下跌到低档出现连续2～3根的长纺锤线，或搭配其他止跌的K线信号（如大量长红、变盘线、大量开低走高上涨红K线吞噬等），转折向上的概率更高。

● 下跌到支撑位置前出现大量长纺锤线，转折上涨的概率很高，要注意次日走势。

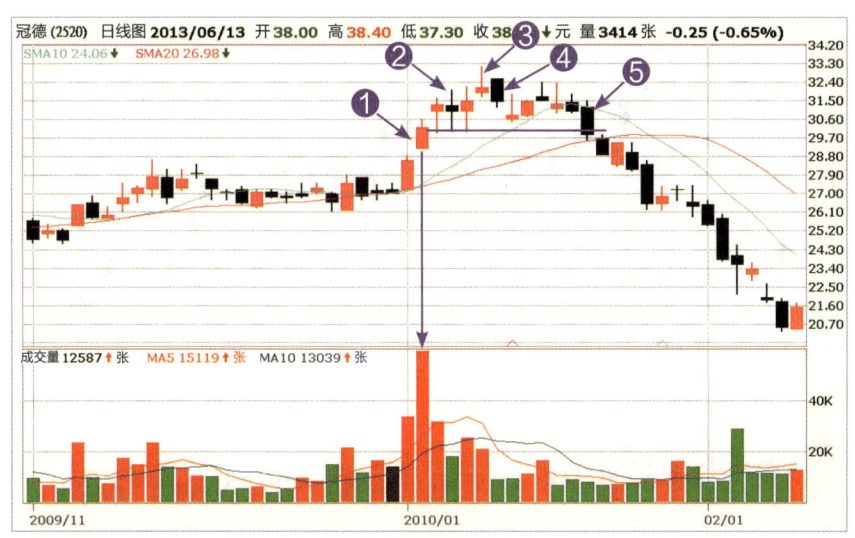

第6章 ▶▶▶ 短纺锤线、长纺锤线、天剑线、蜻蜓线

资料来源：富邦e01电子交易系统

❶ 上涨到高档，出现带大量含上影线的长红K线，后续股价要续涨。

❷ 连续3日出现长纺锤线横盘，注意可能转折向下的变盘，股价不可以下跌。

❸ 再出现高档天剑（见下节说明），也是变盘信号。

❹ 黑K线跌破天剑线，且连续4天变盘线横盘，注意股价下跌。

❺ 中黑K线跌破头部10天横盘K线的低点，股价快速反转下跌。

资料来源：富邦e01电子交易系统

❶ 上涨到高档，出现带大量的天剑线，注意后续股价不涨要回档。

❷ 高档长纺锤线及后续3天股价横盘不涨，注意转折向下的可能性很高。

❸ 长黑K线跌破连续4天横盘变盘K线，股价反转下跌。

第6章 ▶▶▶ 短纺锤线、长纺锤线、天剑线、蜻蜓线

资料来源：富邦e01电子交易系统

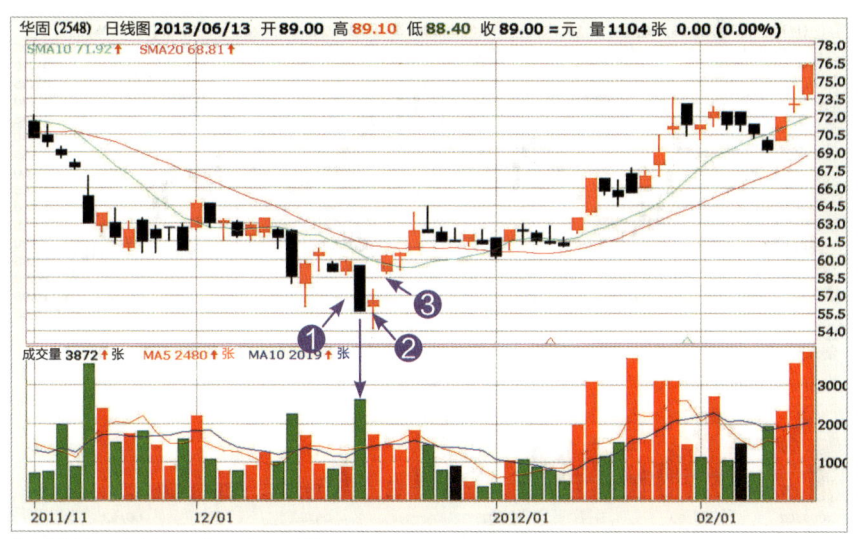

❶ 下跌到低档，出现带大量的长黑K线。

❷ 出现止跌的长纺锤线，是否止跌回升，次日走势很重要。

❸ 次日向上跳空上涨，长红K线突破黑K线最高点，股价止跌回升。

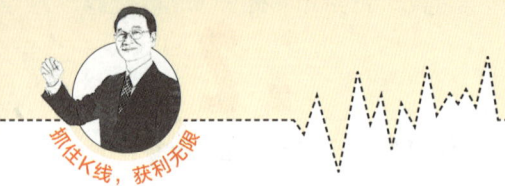

资料来源：富邦e01电子交易系统

❶ 上涨中出现2根长纺锤K线，称为双星变盘，次日股价如下跌将回档。

❷ 高档出现1根倒锤K线、2根长纺锤K线，次日股价如下跌将回档。

❸ 上涨中出现2根长纺锤K线，次日股价如下跌将回档。

❹ 股价回档跌破前面低点，趋势改变。

❺ 反弹中出现2根长纺锤K线，次日股价如下跌空头完成。

天剑线与蜻蜓线：含长上影线或长下影线的小实体K线

定义

天剑线： 上影线很长，至少是实体的2倍以上，实体很小甚至没有实体，下影线很短。实体不分红K线或黑K线，在上涨的顶端或在下跌的低点，都称为天剑线。

第6章 ▶▶▶ 短纺锤线、长纺锤线、天剑线、蜻蜓线

蜻蜓线：下影线很长，至少是实体的2倍以上，实体很小甚至没有实体，上影线很短。实体不分红K线或黑K线，在上涨的顶端或在下跌的低点，都称为蜻蜓线。

解说

1. 在高档，天剑线及蜻蜓线都是转折向下的重要信号。在高档的天剑线，代表多方上涨已经遭到很大的压力，当天股价变动剧烈，盘中一度向上，但涨势受阻，最后回到接近开盘或开盘价。在高档的蜻蜓线，代表多方开盘后，空方盘中下杀到最低点，虽然最后拉回到接近开盘或开盘价，表示多头上涨已经出现空方下跌的力量，盘中多方的力量很小。

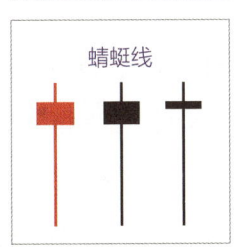

2. 在低档，天剑线及蜻蜓线都是转折向上的重要信号。在低档的天剑线，代表空方开盘后，多方盘中上涨到最高点，虽然最后拉回到接近开盘或开盘价，表示空头下跌已经出现多方上涨的力量，盘中空方的力量很小。在低档的蜻蜓线，代表空方下跌已经遭到很大的抵抗，当天股价变动剧烈，盘中一度向下到最低点，但是遭到多方力量的上涨，最后拉回到接近开盘或开盘价。

> **精通**

1. 强势上涨到高点，出现天剑线或蜻蜓线，是上涨的重要变盘线。要密切注意次日走势，确认是否变盘，尤其是当天或前一日如出现大量，变盘的概率更高。

- 次日开盘向下跳空大跌，多头上涨架构瓦解的可能性大大提高，如果有大量，容易一日反转或做头。
- 出现带大量的天剑线或蜻蜓线之后回跌，日后股价即使再上涨，往往都无法突破天剑线或蜻蜓线的最高点，波浪形态容易出现头头低的做头。

2. 多头上涨的途中，如出现天剑线或蜻蜓线，次日走势非常重要，换句话说，次日如果下跌，则容易回档，若是连续2天或3天都出现天剑线或蜻蜓线，变盘概率更高。

3. 强势下跌到低点如出现天剑线或蜻蜓线，是重要变盘线信号。要密切注意次日走势，确认是否变盘，尤其当天或前一日出现大量或窒息量，变盘的概率更高。

- 次日开盘向上跳空大涨，空头下跌架构瓦解的可能性大大提高，如果有大量或窒息量，容易一日反转或打底。
- 下跌的天剑线或蜻蜓线如果转折上涨之后，股价即使再下跌，往往不容易跌破天剑线或蜻蜓线的最低点，波浪形态容易出现底底高的打底。

4. 空头下跌的途中，如出现T字线与墓碑线，次日走势非常重要，换句话说，次日如果上涨，则容易反弹，若是连续2天或3天都出现天剑线或蜻蜓线，变盘概率更高。

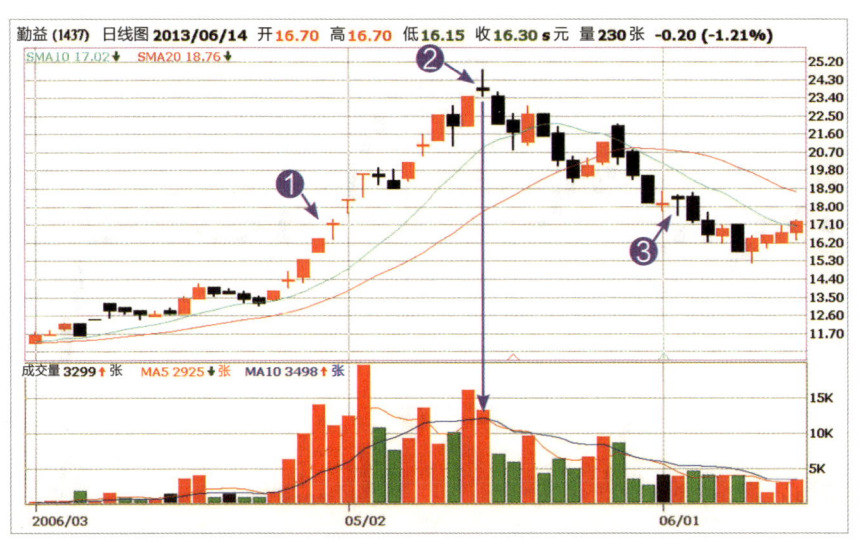

第6章 ▶▶▶ 短纺锤线、长纺锤线、天剑线、蜻蜓线

资料来源：富邦e01电子交易系统

❶ 上涨行进中出现蜻蜓线，次日股价如果不跌，将会续涨。

❷ 高档出现大量天剑线，次日股价下跌将回档。

❸ 下跌行进中出现蜻蜓线，次日股价如果不涨，将会续跌。

127

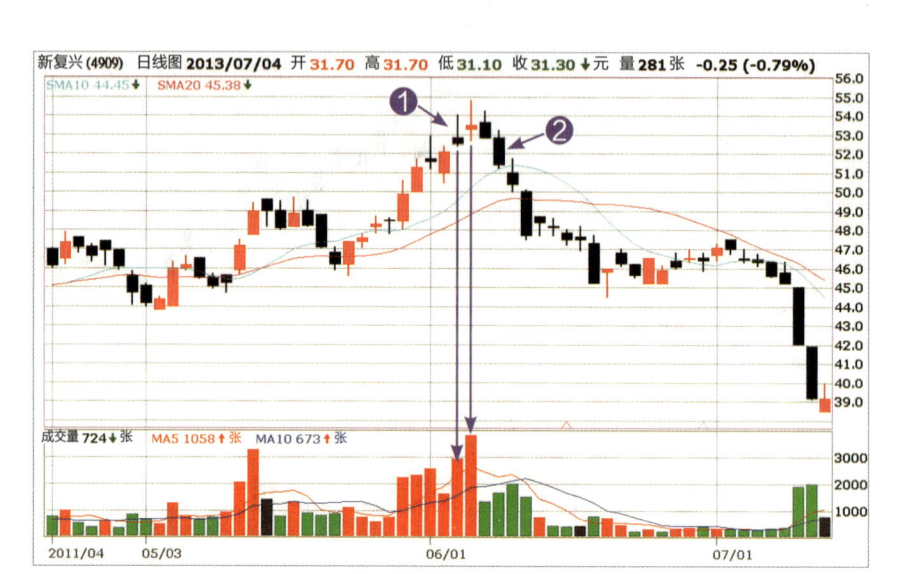

资料来源：富邦e01电子交易系统

❶ 高档连续出现2根带大量的天剑线，注意股价不能下跌。

❷ 股价长黑，收盘跌破2根带大量的天剑线实体下沿，出现一日反转下跌的走势。

第6章 ▶▶▶ 短纺锤线、长纺锤线、天剑线、蜻蜓线

资料来源：富邦e01电子交易系统

❶ 下跌低点出现锤子线。

❷ 次日出现止跌的蜻蜓线信号。

❸ 出现放量长红K线，收盘突破蜻蜓线，股价转折上涨。

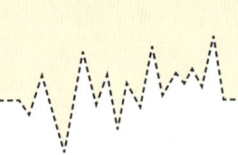

资料来源：富邦e01电子交易系统

❶ 下跌低点出现蜻蜓线。

❷ 底部打底再次出现蜻蜓线信号，呈现双脚打桩信号。

❸ 出现放量长红K线，收盘突破前高，多头确认，股价上涨。

❹ 高档出现蜻蜓线，次日开高走高，化解下跌疑虑。

第2篇

第7章 ▶▶▶ T字线、墓碑线、十字线、一字线

第7章 T字线、墓碑线、十字线、一字线

🗣 T字线与墓碑线

定义

T字线：开盘价与收盘价相同，没有实体棒，盘中下跌到最低点，最后收盘拉到开盘价。

墓碑线：也称为倒T字线，开盘价与收盘价相同，没有实体棒，盘中上涨到最高点，最后收盘拉回到开盘价。

解说

在高档，T字线与墓碑线都是转折向下的重要信号。T字线代表多方开盘后就一路下跌，虽然收盘时拉回到开盘价，显示多方已经无法上涨，盘中出现空方下杀的力量。墓碑线代表开盘多方一度上涨，但是遭到很大的压力，当天股价涨势受阻，最后回到开盘价。

T字线

墓碑线

在低档，T字线与墓碑线都是转折向上的重要信号。T字线代表空方开

131

盘后就一路下跌，但是出现多方向上的力量，收盘时拉回到开盘价。墓碑线代表开盘多方一度上涨到最高点，虽然最后回到开盘价，显示空方已经无法再下跌，盘中出现多方上涨的力量。

精通

1. 强势上涨到高点，如出现T字线或墓碑线，是上涨的重要变盘线。要密切注意次日走势，确认是否变盘，尤其当天或前一天如出现大量，变盘的概率更高。

● 次日开盘向下跳空大跌，多头上涨架构瓦解的可能性大大提高，如果有大量，容易一日反转或做头。

● 出现大量的T字线或墓碑线回跌之后，股价即使再上涨，往往都无法再突破T字线或墓碑线的最高点，再转折向下就容易出现波浪形态头头低的改变。

2. 多头上涨的途中，如出现T字线或墓碑线，次日走势非常重要，换句话说，次日如果下跌，容易回档，若是连续2天或3天都出现T字线或墓碑线，变盘概率更高。

3. 强势下跌到低点，如出现T字线或墓碑线，是重要变盘线信号。要密切注意次日走势，确认是否变盘，尤其当天如出现大量或窒息量的T字线或墓碑线，变盘的概率更高。

● 次日开盘向上跳空大涨，空头下跌架构瓦解的可能性大大提高，如果有大量或窒息量，容易一日反转或打底。

● 下跌的T字线或墓碑线反弹之后，股价即使再下跌，往往不容易再跌破T字线或墓碑线的最低点，波浪形态容易出现底底高的打底。

4. 空头下跌的途中，如出现T字线或墓碑线，次日走势非常重要，换

第7章 ▶▶▶ T字线、墓碑线、十字线、一字线

句话说，次日如果上涨，容易反弹，若是连续2天或3天都出现T字线或墓碑线，变盘概率更高。

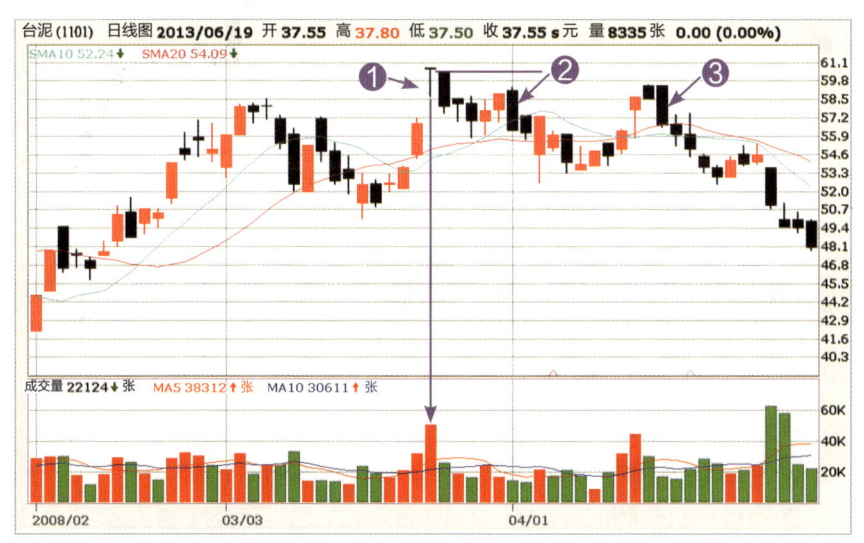

资料来源：富邦e01电子交易系统

❶ 上涨高档出现爆大量的T字线，次日如开低下跌容易回档。

❷ 高档再次出现长黑K线，跌破4天的变盘线信号，高档容易盘头。

❸ 高档再次出现长黑K线，跌破反弹锤子线的实体下沿，盘头出现3次长黑的下跌转折，头部空头架构即将完成。

133

资料来源：富邦e01电子交易系统

❶ 上涨高档出现爆大量的长红线。

❷ 高档出现变盘的T字线，次日开平走低，股价转折向下。

❸ 高档上涨出现黑K线吞噬，注意次日只能向上，否则容易盘头出现头头低的趋势改变。

❹ 长黑K线跌破吞噬黑K线低点及前面低点，高档出现两次转折向下的K线组合，空头趋势确认。

第7章 ▶▶▶ T字线、墓碑线、十字线、一字线

资料来源：富邦e01电子交易系统

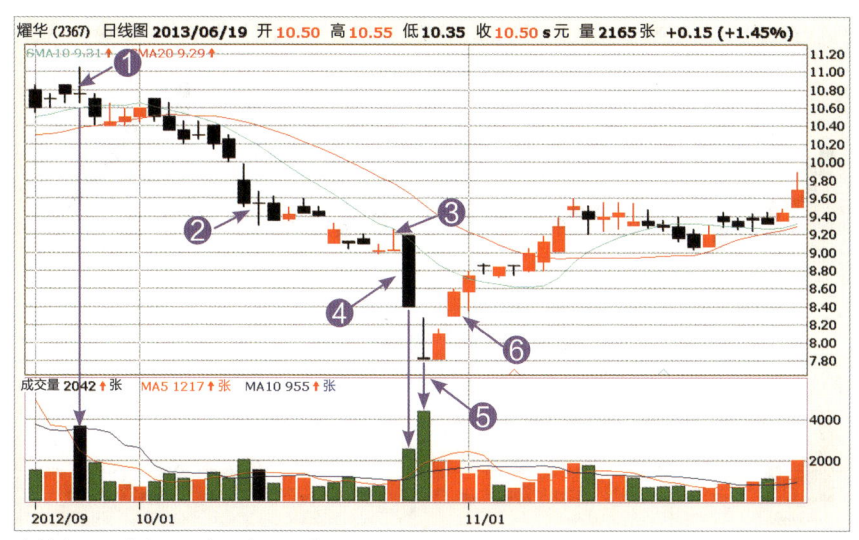

❶ 上涨高档出现爆大量的天剑线，次日开低走低，股价转折向下。

❷ 下跌行进出现变盘的地剑线，次日开平走低，继续下跌。

❸ 下跌行进出现变盘的墓碑线，次日开高走低，继续下跌。

❹ 开高走低出现大量长黑K线，继续下跌。

❺ 下跌到低档，出现带大量的墓碑线，要注意次日是否变盘。

❻ 向上跳空长红，突破墓碑线最高点，转折向上反弹。

135

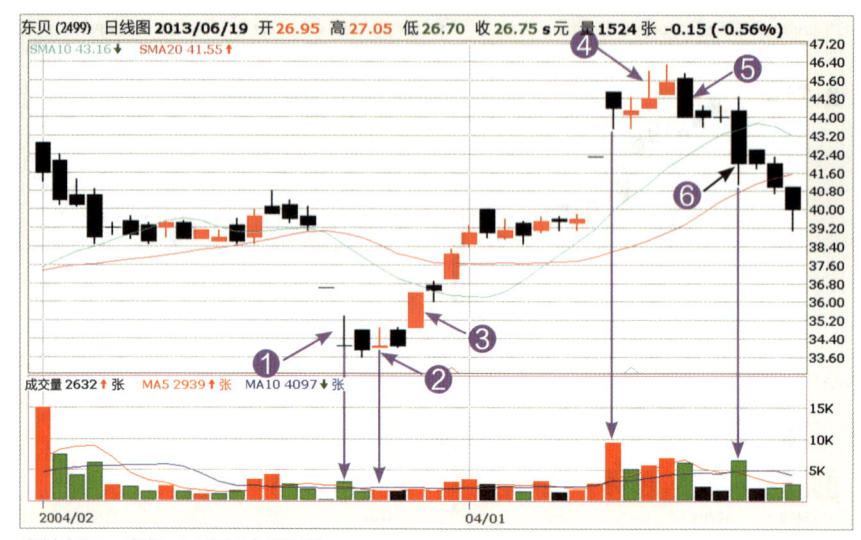

资料来源：富邦e01电子交易系统

❶ 下跌低档出现放量变盘的墓碑线，注意次日走势。

❷ 再次出现变盘的墓碑线。

❸ 开高走高长红K线，突破底部4根横盘K线的最高点，转折向上反弹。

❹ 高档连续出现3根变盘线。

❺ 长黑K线跌破倒锤线实体下沿，出现转折向下的信号。

❻ 大量长黑K线跌破7根K线，头部出现。

十字线与一字线

定义

十字线：开盘价与收盘价相同，没有实体棒，上影线与下影线几乎等长。

一字线：当天开盘价、收盘价、最高价、最低价都是同一价，表示当天是涨停板或跌停板。

第7章 ▶▶▶ T字线、墓碑线、十字线、一字线

解说

1. 十字线表示，当天多方与空方力量相当。上涨到高档，出现空方相抗衡的力量，是转折向下的信号。

2. 下跌到低档，出现十字线，表示当天多方与空方力量相当，下跌出现多方抵抗的力量，是转折向上的信号。

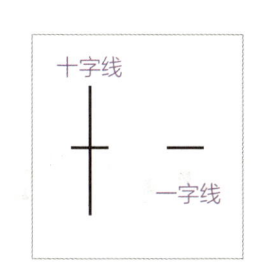

3. 十字线出现在上涨或下跌行进中，可视为多空当天的休战，多头次日可能继续上涨，空头次日可能继续下跌。

4. 出现十字线时，要注意第二天K线的走势，以确定是休战还是变盘。

5. 当天开盘涨停板的一字线，如果位于多头走势的起涨位置、盘整的突破位置、突破压力的位置，是强势上涨的表现。这是主力刻意造势的结果，因为一开盘就涨停板，一般人根本买不到，所以不一定有大成交量。有经验的投资人会保留该股继续观察，如果是强势股或飙股，是做多的好标的，可以锁股操作。

6. 在空头下跌走势中，如果出现涨停板的一字线，是强力反弹的现象，后续可能止跌回升或打底。

7. 当天开盘跌停板的一字线，如果位于空头走势的起跌位置、盘整的跌破位置、跌破支撑的位置，是强势下跌的表现。这是主力刻意造势的结果，因为一开盘就跌停板，一般人根本卖不掉，所以没有大成交量。要谨防次日恐慌性大量下杀，如果是头部刚开始，是做空的好标的，可以锁股操作。

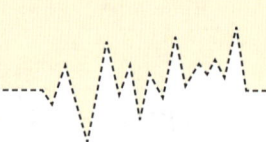

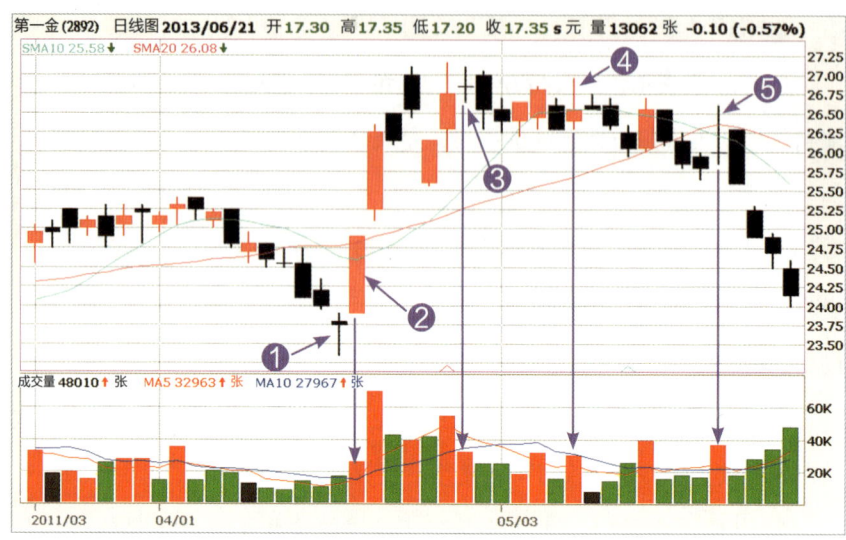

资料来源：富邦e01电子交易系统

❶ 下跌低档出现放量变盘的蜻蜓线，注意次日走势。

❷ 次日开高走高，出现带大量的长红K线，转折向上。

❸ 高档出现变盘十字线，注意次日走势。

❹ 连续5日没有突破变盘十字线，然后出现变盘倒锤线。

❺ 股价渐渐下跌，出现大量和变盘天剑线，这是转折向下的信号。次日长黑K线跌破变盘天剑线，呈现转折向下的空头走势。

第7章 ▶▶▶ T字线、墓碑线、十字线、一字线

资料来源：富邦e01电子交易系统

❶ 下跌低档出现窒息量的十字线，注意次日走势。次日开高走高，出现带大量长红K线，转折向上。

❷ 回档出现量缩变盘十字线，注意次日走势。次日开高走高，出现带大量长红K线，股价继续向上。

❸ 多头回档，出现止跌变盘十字线，注意后面走势。

❹ 次2日，带大量长红K线向上突破，股价继续上涨。

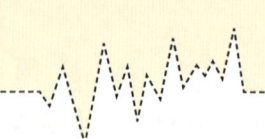

资料来源：富邦e01电子交易系统

❶ 高档出现爆量长红K线，要注意股价不能回档。

❷ 长黑K线跌破爆量长红K线的½，多头转弱。

❸ 高档横盘出现带大量倒锤线，注意次日走势，开低向下容易做头。

❹ 主力用开盘跌停板，直接跌破盘整的低点，空头确认，无量下跌，让观望的多单无法卖出而套牢。

第7章 ▶▶▶▶ T字线、墓碑线、十字线、一字线

资料来源：富邦e01电子交易系统

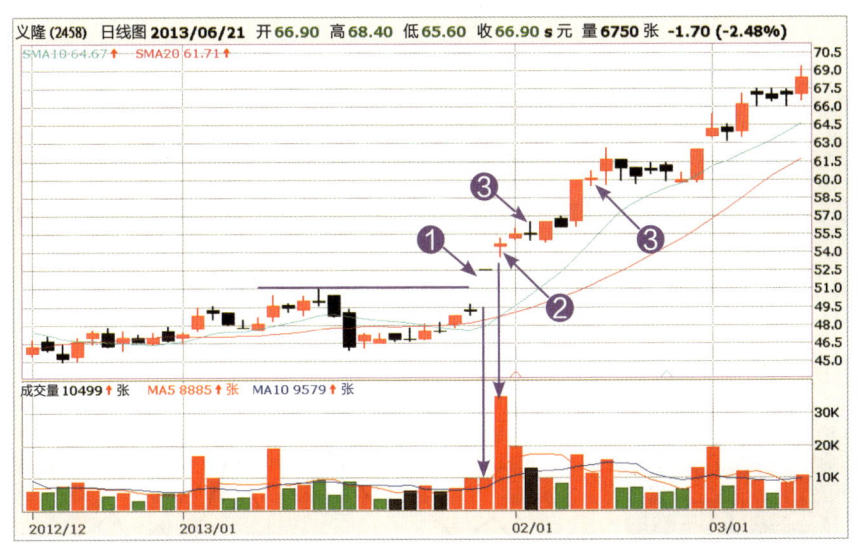

❶ 主力用开盘涨停板，直接突破前面高档的压力，多头确认，主力强势做多的表现，当天跳空向上，多数人无法买到，所以没有大量。

❷ 次日续涨，出现爆大量的十字线，要注意次日走势。

❸ 行进中出现的休息十字线，次日股价继续走高，则维持上涨不变。

第8章 单一K线的应用

高档和低档

高档K线

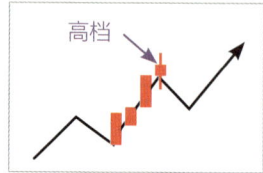

高档❶ 多头上涨到第3根或第4根以上的位置。

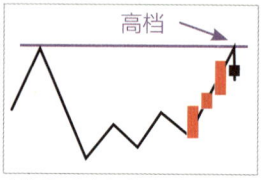

高档❷ 多头上涨到压力的位置。

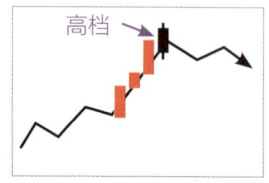

高档❸ 多头趋势的末升段位置。

高档❹ 空头反弹到第3根或第4根以上的位置。

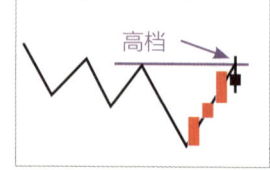

高档❺ 空头反弹到压力的位置。

低档K线

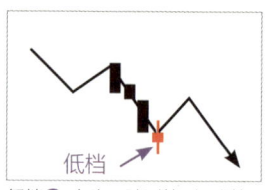

低档❶ 空头下跌到第3根或第4根以上的位置。

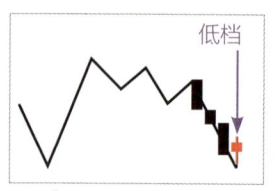

低档❷ 空头下跌到支撑的位置。

低档❸ 空头趋势的末跌段位置。

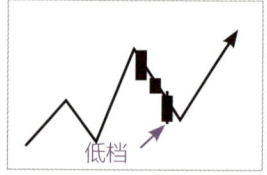

低档❹ 多头回档到第3根或第4根以上的位置。

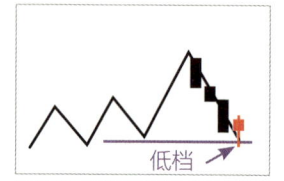

低档❺ 多头回档到支撑的位置。

第 2 篇

第8章 ▶▶▶ 单一K线的应用

高档和低档的概念非常重要，仔细观察以下两张图，多头上涨时，每上涨3~5天到一段高档，几乎都会出现大量，这时再配合K线的变化，很容易看出即将转折向下回档修正。

资料来源：富邦e01电子交易系统

❶ 大量红K线突破前面高点，多头确认，次日股价如不涨，开始回档。

❷ 多头上涨到第3根爆大量，次日出现天剑变盘线，容易回档。

❸ 多头上涨到第3根出大量，次2日出现变盘墓碑线，容易回档。

❹ 多头上涨到第3根爆大量，次2日连续出现变盘纺锤线，容易回档。

❺ 股价高档爆大量后开始盘头。

❻ 带大量长黑K线跌破前面低点，空头确认。

143

资料来源：富邦e01电子交易系统

❶ 空头下跌，连续2日出现十字线，次日爆大量上涨，股价反弹。

❷ 空头下跌，出现纺锤线，次2日带大量红K线上涨，股价反弹。

❸ 空头下跌，出现倒锤线，次2日向上跳空上涨，股价反弹。

❹ 空头下跌，出现墓碑线，次日带大量长红K线上涨，股价反弹。

❺ 空头下跌，出现墓碑线，次日带大量长红K线吞噬，股价反弹。

❻ 空头下跌，出现跌停板一字线，次日带大量长红K线上涨吞噬，股价强势反弹。

第❷篇
第❸章 ▶▶▶ 单一K线的应用

凶多吉少：多头转折向下的变盘线

当股价上涨到高档，出现以下K线，都是止涨的K线信号，统称为变盘线，要特别注意是否要反转，如果在当天或前一两天出现大量或爆大量，就更容易反转向下。

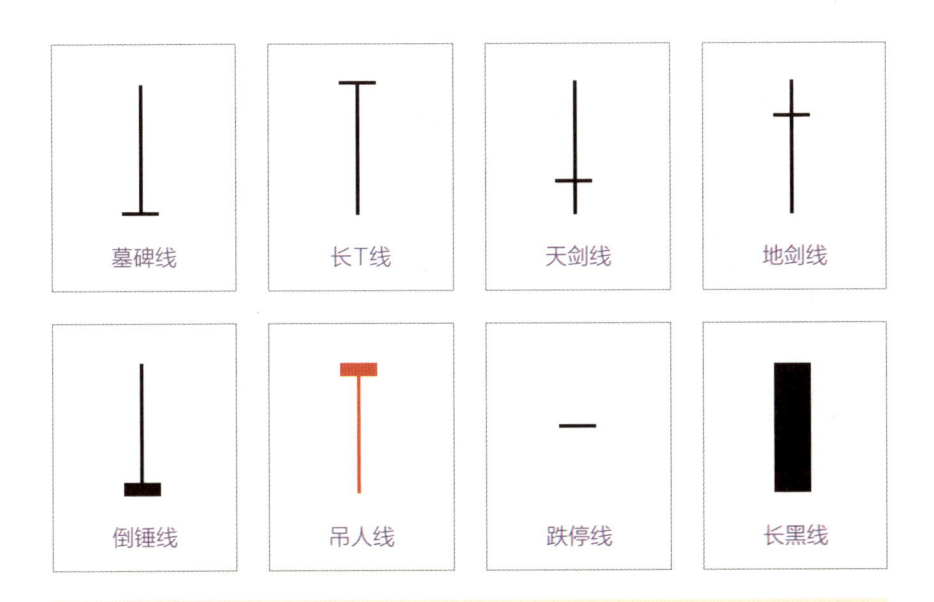

墓碑线	长T线	天剑线	地剑线
倒锤线	吊人线	跌停线	长黑线

注意事项：

1. 以上K线出现在高档，是变盘征兆的回档线形，要注意次日走势。

2. 如果高档爆出大量，出现价量背离现象，KD指标死亡交叉，更容易反转走跌。

3. 上升走势遇到压力位置，出现变盘K线，反转走跌的概率很高，要密切注意次日的K线强弱。

4. 上升走势遇到压力位置，如果爆出大量，股价收盘没突破压力，同时出现变盘K线，反转走跌概率更高，要密切注意次日的K线强弱。

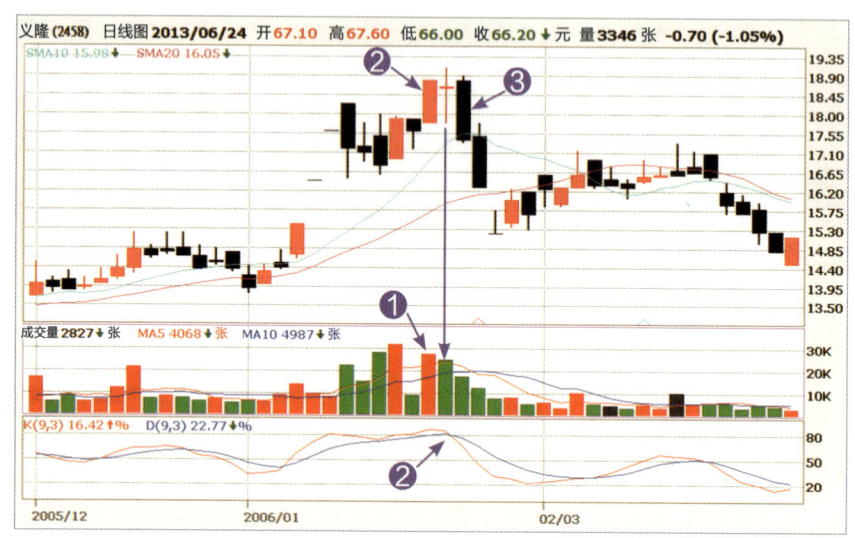

资料来源：富邦e01电子交易系统

❶ 高档出大量后价量背离。

❷ 高档出现凶多吉少变盘线，KD指标死亡交叉，转折向下概率很高。

❸ 次日长黑K线下跌，股价反转。

第 2 篇

第❶章 ▶▶▶ 单一K线的应用

资料来源：富邦e01电子交易系统

❶ 高档出现带大量天剑变盘线，次日向下走低则反转，次日开高走高则继续上涨。

❷ 高档出大量的变盘线，KD指标死亡交叉，转折向下概率很高，次日长黑K线下跌，股价反转。

❸ 面临前面高点的压力出现带大量长红K线，要特别注意，股价不能下跌，否则就要反转。

❹ 高档压力前出现带大量的变盘线，KD指标死亡交叉，转折向下概率很高，后4日长黑K线下跌，股价反转。

147

逢凶化吉：空头转折向上的变盘线

当股价下跌到低档，出现以下的K线，都是止跌的K线信号，统称为变盘线，要特别注意是否要反转，如果在当天或前一两天出现大量、爆大量或窒息量，就更容易反转向上。

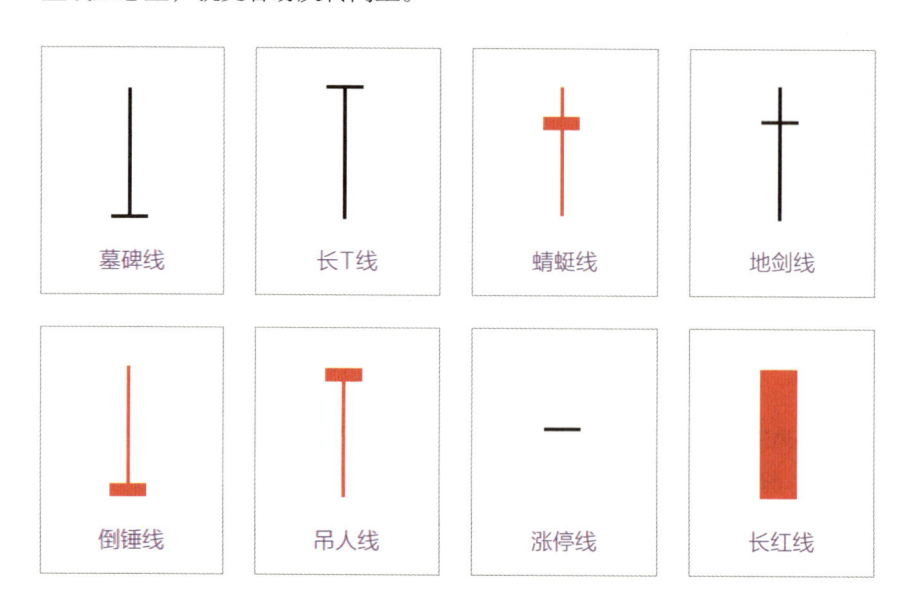

墓碑线	长T线	蜻蜓线	地剑线
倒锤线	吊人线	涨停线	长红线

注意事项：

1. 以上K线出现在低档，是变盘征兆的反弹线形，要注意次日走势。

2. 如果低档爆出大量、窒息量，出现价量背离现象，KD指标黄金交叉，更容易反转反弹。

3. 下跌走势遇到支撑位置，出现变盘线，反转走升的概率很高，要密切注意次日的K线强弱。

4. 下跌走势遇到支撑位置，如爆出大量，股价收盘没跌破支撑，同时出现变盘K线，反转上涨的概率更高，要密切注意次日的K线强弱。

5. 出现并肩双变盘线，或横盘多根变盘线时，变盘概率更高，密切注意次日走势应变。

第8章 ▶▶▶ 单一K线的应用

资料来源：富邦e01电子交易系统

❶ 低档出大量变盘倒锤线，容易反弹，注意次日走势。

❷ 出现涨停板变盘线，KD指标黄金交叉，股价反转。

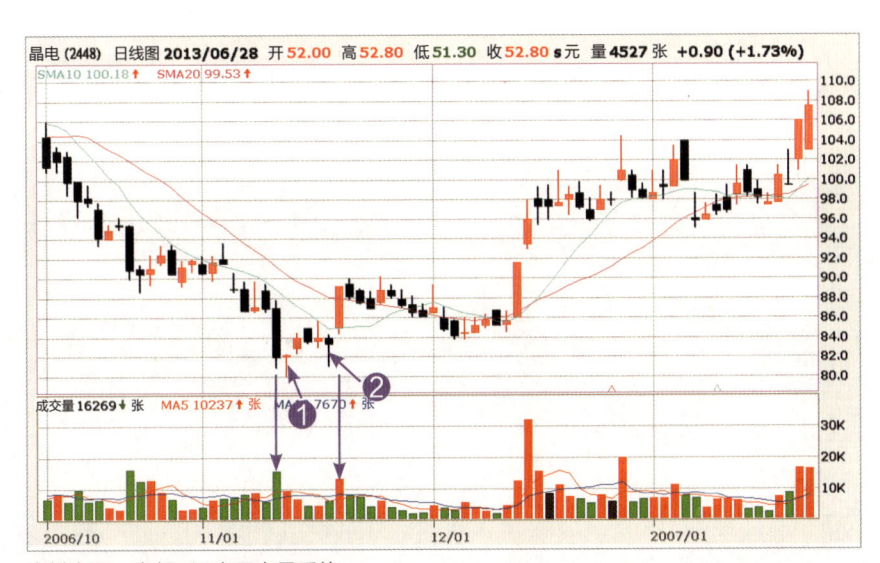

资料来源：富邦e01电子交易系统

❶ 低档带大量长黑K线后出现止跌变盘蜻蜓线，易止跌，注意后面走势。

❷ 再出现蜻蜓线变盘线，也是双脚打桩，次日大量长红确认反转。

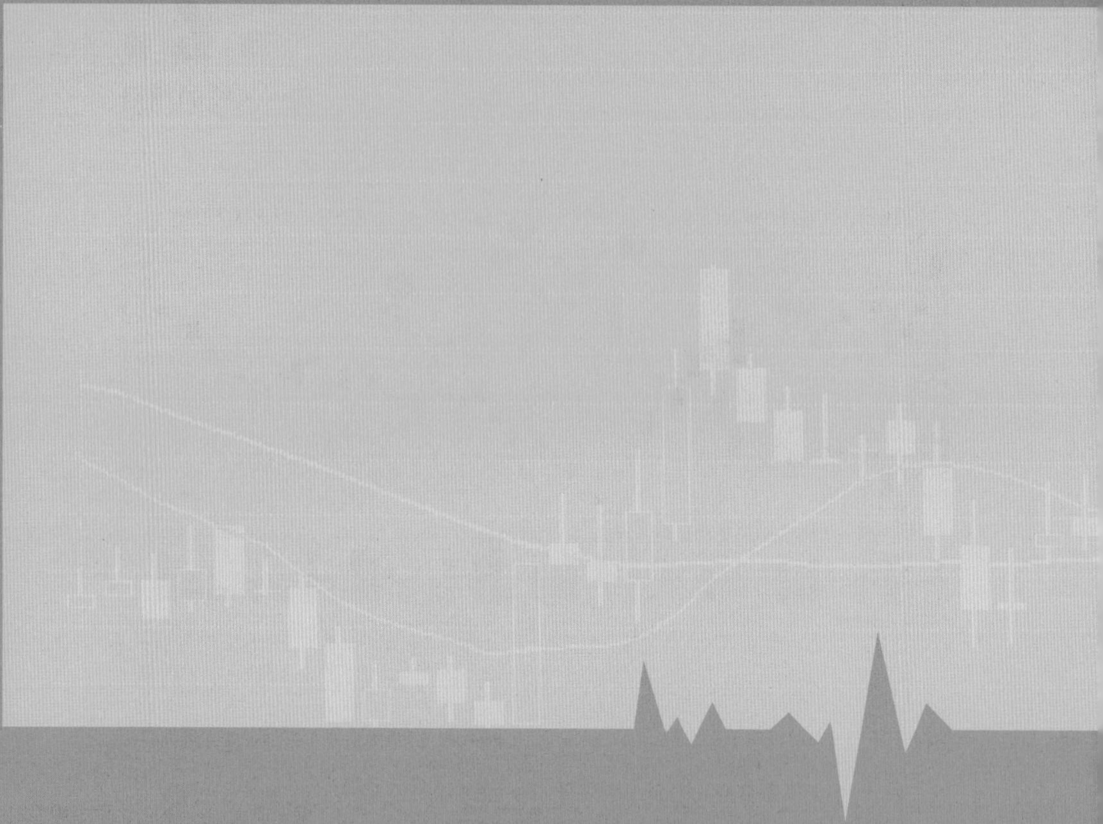

第 3 篇

2根K线看转折

连续2根K线，昨日是长红，今天却是长黑；或者昨日是长黑，今天却是长红，这是怎么回事？

长红配上长黑，是重要的转折信号。如果能够第一时间观察其中的变化，就能精确掌握行情的转变。

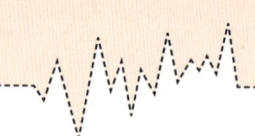

第1章 高档2根K线转折向下的基本形态

背诵口诀

左长红右长黑

定义

左边上涨幅度达2.5%以上的中长红K线，右边下跌幅度达2.5%以上的中长黑K线，2根K线构成上涨高点或头部反转向下的形态，2根K线必须是中长实体，可以有小的上下影线。

解说

在走势上涨中，昨天是长红K线，但今天收盘却是一根并肩的长黑K线，很明显，昨天多方强力上涨的力量，今天被空方完全克服。这是股价上涨转折向下的K线基本形态。

精通

1. 上涨在高档，是一组转折向下的信号（次页图1）。
2. 在空头起跌的位置，要提高警觉，小心是骗线，主力假上攻、真下

第1章 ▶▶▶ 高档2根K线转折向下的基本形态

跌，投资人不可不察（图2）。

3. 在空头走势中，是反弹结束信号（图3）。

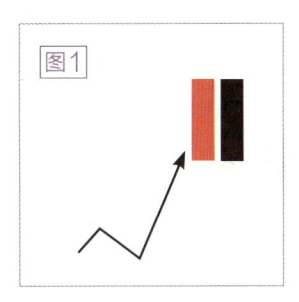

4. 出现在盘整区，表示主力还没有上攻的企图。

资料来源：富邦e01电子交易系统

❶ 涨到高档，出现爆量，次日出现并肩长黑K线，是转折向下的信号，要注意次日走势，跌破黑K线最低点，行情反转。

❷ 下跌后反弹，再次出现并肩红黑K线，次日向下跳空，空头确认。

资料来源：富邦e01电子交易系统

❶ 上涨到高档，出现爆量，次日出现并肩长黑K线，是转折向下的信号，要注意次日走势。

❷ 横盘3日后带大量长黑K线，跌破横盘低点，头部完成，行情反转。

第2章 ▶▶▶ 高档2根K线转折向下的变化组合

第2章 高档2根K线转折向下的变化组合

高档左中长红、右中长黑的2根K线转折向下的基本形态，以2根K线相对位置的不同，可分为以下5组变化，每组代表的意义及转折的强弱不相同。

高档双K线转折向下的变化组合

基本形态
长红长黑

长黑遭遇
一日封口

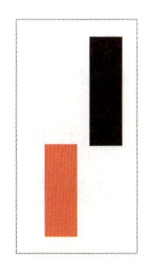

长黑覆盖
乌云罩顶

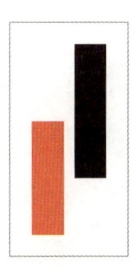

母子怀抱
不怀好意

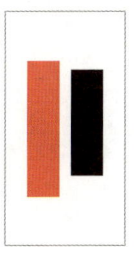

长黑吞噬
主力出货

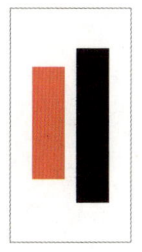

破底贯穿
一路向下

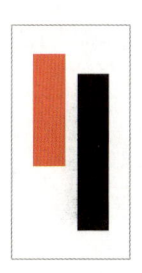

一日封口：高档"遭遇"双K线

定义

2根K线构成上涨高点或头部反转向下的组合，这2根K线为中长红及中长黑的实体，可以有小的上下影线。

解说

1. 上涨走势到明显高档，出现中长红K线，第2天出现中长黑K线，黑K开高出现卖压走低，收盘接近中长红K线的收盘价，是一组上涨遇压力的止涨K线信号。

2. 这组双K线也可视为"一日缺口封闭"，当天向上跳空开高，但收盘回到昨日红K线的收盘，把开盘的缺口给封闭，是弱势的表现。

精通

1. 遭遇组合是5组反转信号中最弱的，只能视为止涨，多头可能还会续涨，最好再观察一天确认是否反转。

2. 多头上涨中出现遭遇组合，如果爆大量，转折概率大增，做多要小心，不可追多。

3. 空头反弹出现遭遇组合，是反弹结束的信号，要把握做空的机会。

第2章 ▶▶▶ 高档2根K线转折向下的变化组合

资料来源：富邦e01电子交易系统

❶ 上涨到高档，出现带大量长红K线，次日出现爆大量的长黑遭遇，转折向下信号强烈，要注意次日走势。

❷ 回档盘整，再上涨时出现爆大量墓碑线，是遇强大压力的变盘线，做多要格外小心，注意日后走势。

资料来源：富邦e01电子交易系统

❶ 空头反弹，出现带大量黑K线遭遇，反弹结束，次日向下继续空头走势。

乌云罩顶：高档"覆盖"双K线

定义

2根K线构成上涨高点或头部反转向下组合，这2根K线为中长红及中长黑的实体，可以有小的上下影线。上涨的高点，出现上涨中长红K线，次日开高盘，盘中创新高价，可是收盘在最低价附近，而且进入红K线的实体部分。

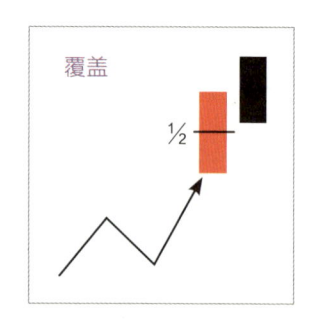

第2章 ▶▶▶ 高档2根K线转折向下的变化组合

解说

上涨走势到明显高档，出现中长红K线，第2天出现中长黑K线（乌云罩顶），当天开高盘创新高，但卖压出笼，收盘跌破前一日中长红K线的收盘价做收，可以确认当天是空方力道强，多方无法控制上涨，同时有出货的现象。这是一组上涨遇压力的止涨K线信号，要注意是否会转折向下。

精通

1. 覆盖（乌云罩顶）的黑K线越长，转折的力道越强。

2. 黑K线收盘虽然跌入红K线实体，但没有到达红K线的½，反转信号力道较弱，最好再观察一天确认是否反转。

3. 黑K线收盘如果跌破红K线的½，可视为反转的信号。

4. 黑K线收盘越向下深入红K线实体，反转向下的可能性越高。如果跌破红K线实体的最低点，就形成长黑吞噬。

5. 出现覆盖的2根K线时，最高点H和最低点L是重要的压力或支撑观察点，收盘突破最高点H，会出现一波上涨；反之，如跌破最低点L，容易出现一波下跌。

6. 出现覆盖后，走势出现在L与H之间的横向盘整，通常多为做头的信号，盘整再次出现转折向下信号，头部形成概率大增，要特别注意，甚至可以做空。

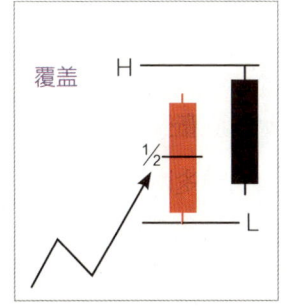

7. 覆盖的2根K线如果又有爆大量情形，更加容易反转向下。

资料来源：富邦e01电子交易系统

❶ 上涨到高档，出现爆量，次日出现覆盖（乌云罩顶），开高收低的长黑K线跌破前一日长红K线的½，转折向下信号明显，要注意次日走势。

❷ 高档横盘，出现大量长黑吞噬K线，空头向下态势明显，多单要出场。

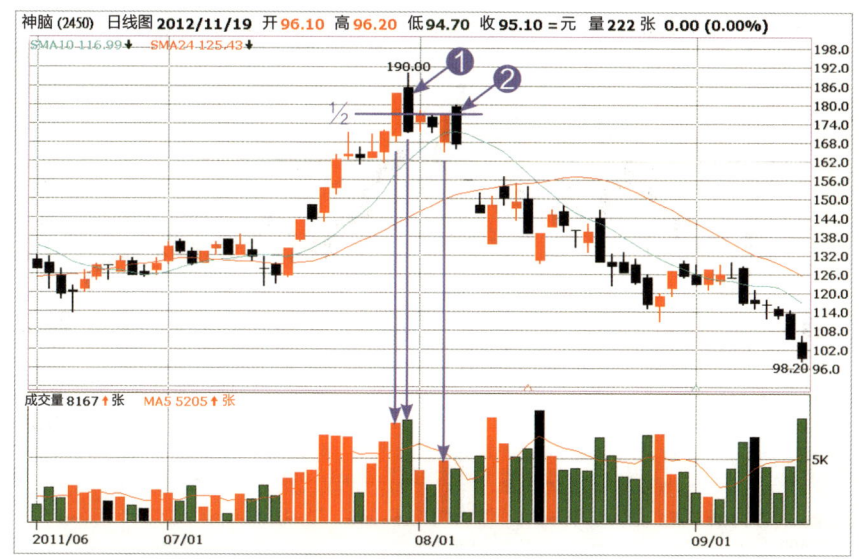

第2章 ▶▶▶ 高档2根K线转折向下的变化组合

资料来源：富邦e01电子交易系统

❶ 上涨到高档，连续出现大量，同时出现覆盖（乌云罩顶），开高收低的长黑K线跌破前一日长红K线的½，转折向下信号明显。

❷ 反弹长红K线的½呈现压力，再次出现覆盖（乌云罩顶），空头向下态势明显，多单要出场。

❶ 上涨到高档，出现第1组覆盖（乌云罩顶）长黑K线。

❷ 上涨到高档，出现第2组覆盖（乌云罩顶）长黑K线。

❸ 大量长红突破第2组覆盖（乌云罩顶）长黑K线最高点，多空易位。

❹ 大量长红突破第1组覆盖（乌云罩顶）长黑K线最高点，多头续攻。

❺ 再次出现跌破前一日长红K线的½的覆盖（乌云罩顶）长黑K线，次日跌破长红K线最低点，出现一日反转下跌走势。

第2章 ▶▶▶ 高档2根K线转折向下的变化组合

母子怀抱：高档"怀抱"双K线

定义

由2根K线构成，上涨高档出现中长红K线，次日出现不过高也不破低的黑K线，中长红K线称为母线，次日黑K线称为子线。

怀抱

解说

上涨到明显高档，出现母子怀抱的K线组合，代表上涨走势突然变为不确定，以两天的情况来看，多空双方的力量突然呈现拉锯，多头上涨力道减弱，方向可能要转折向下，是一组上涨的止涨K线信号，要注意是否会转折向下。

精通

1. 母子怀抱是以K线实体来看，与子线长短、有否上下影线或红黑都没关系。

2. 母子怀抱多空开始不安定，容易上下震荡几天，母线红K线的最低点是重要观察位置，跌破将反转确认。

3. 母子怀抱的子线如果是十字线，反转力道大于一般的母子怀抱，是强力反转的信号。出现这种双K线组合，投资人要特别警觉，不可轻忽，很容易形成高档夜星转折的3根K线组合。

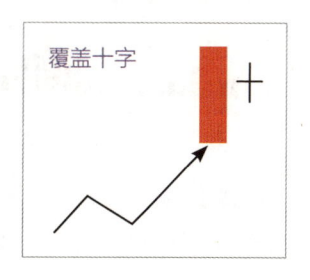

覆盖十字

163

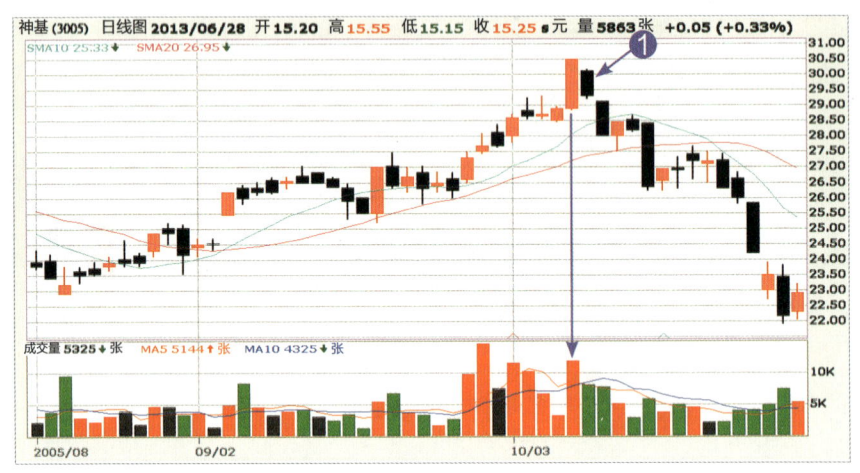

资料来源：富邦e01电子交易系统

❶ 上涨到高档，前一日出现带大量长红K线，当天出现母子怀抱黑K线，转折向下的信号明显，次日开低走低，行情反转。

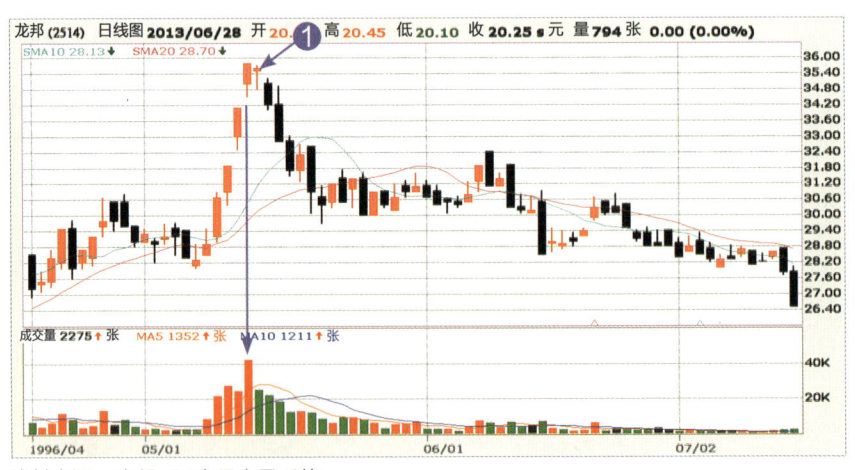

资料来源：富邦e01电子交易系统

❶ 快速上涨到高档，前一日出现大量长红K线，当天出现母子怀抱蜻蜓变盘K线，是转折向下的信号，次日开低走低，行情快速反转。

第2章 ▶▶▶ 高档2根K线转折向下的变化组合

资料来源：富邦e01电子交易系统

❶ 快速上涨到高档，前一日出现带大量长红K线，当天出现母子怀抱十字线，是强烈转折向下的信号，次日开高走低，行情快速反转。

主力出货：高档"长黑吞噬"双K线

定义

上涨走势到高档，出现长黑K线，把前一日上涨的红K线完全包覆。黑K线的实体完全吞噬前一根红K线的实体。

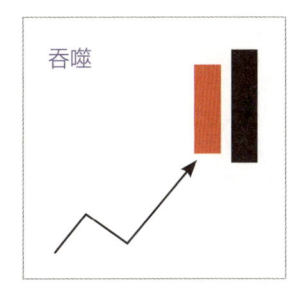

吞噬

解说

上涨走势到明显高档，出现转折向下的吞噬黑K线，表示当日开高走低，收盘跌破前一日最低点，卖压出笼，多空

165

主控权产生易位，是双K线转折向下5个组合中反转最强的信号。

精通

1. 被吞噬的红K线越小，吞噬的黑K线越长，转折的力道越强。

2. 吞噬当日或前一日出现大量，反转信号越强，转折向下概率越高。

3. 短线连续上涨或急涨，获利达15%以上，出现长黑吞噬的K线，一日反转的概率很高，持有多单应该出场或者减码一半卖出。

4. 一根黑K线，一次吞噬就跌破前面2~3根K线的最低点，反转更强（也称为3线反黑）。

5. 高档出现爆量长黑吞噬K线后下跌，要特别注意，日后再上涨到长黑吞噬的K线，会形成重大的压力。换句话说，再上涨是多单逃命波，不可追多，这时容易形成"头头低"的头部形态。

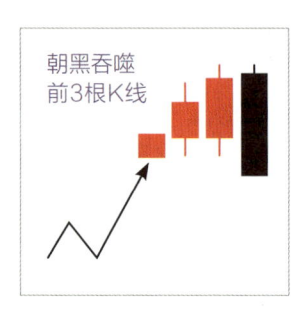

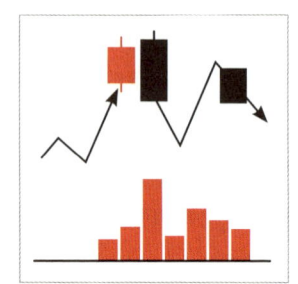

朝黑吞噬
前3根K线

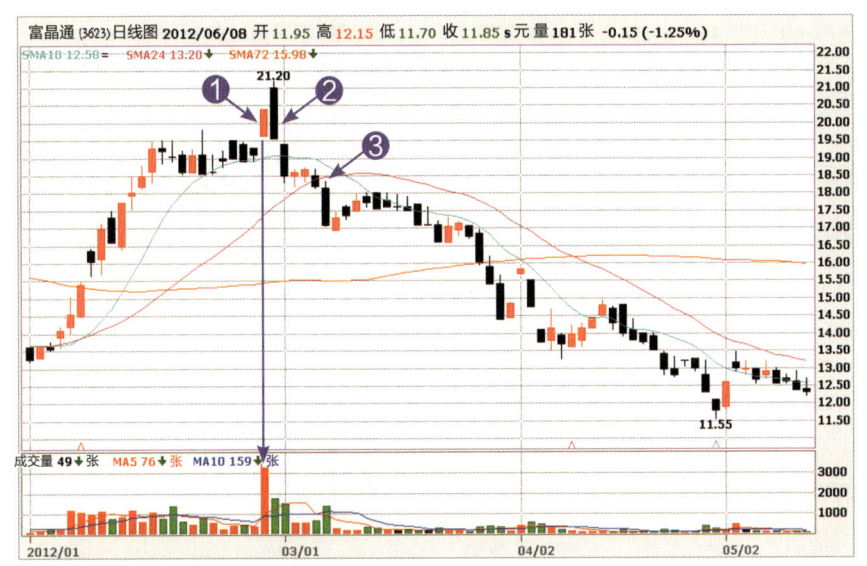

第2章 ▶▶▶ 高档2根K线转折向下的变化组合

资料来源：富邦e01电子交易系统

❶ 上涨到高档，出现爆天量中红K线，并且突破横盘K线，是多单进场点。

❷ 当天出现长黑吞噬K线，反转信号强烈，容易一日反转，形成假突破，多单要立刻出场。

❸ 黑K线跌破盘整的头部，形成假突破、真下跌，要反手做空。

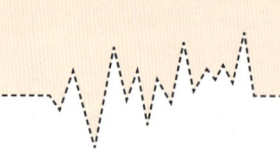

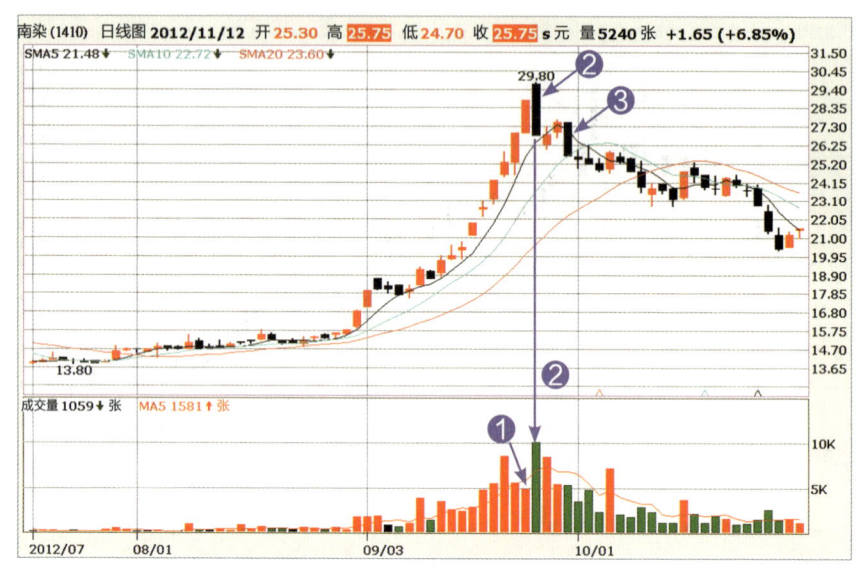

资料来源：富邦e01电子交易系统

❶ 上涨到高档，出现价量背离，要特别注意止涨下跌的K线信号。

❷ 当日爆量，出现长黑吞噬K线，多单要立刻出场。

❸ 反弹不过前高，再出现长黑吞噬K线，跌破前4根K线最低点，转成空头。

第2章 ▶▶▶ 高档2根K线转折向下的变化组合

资料来源：富邦e01电子交易系统

❶ 上涨到高档，当日出现大量，开高收低长黑吞噬K线跌破横盘3根K线，显示出强烈的反转信号，多单要立刻出场。

❷ 下跌反弹不过前高，再出现长黑吞噬K线，继续下跌。

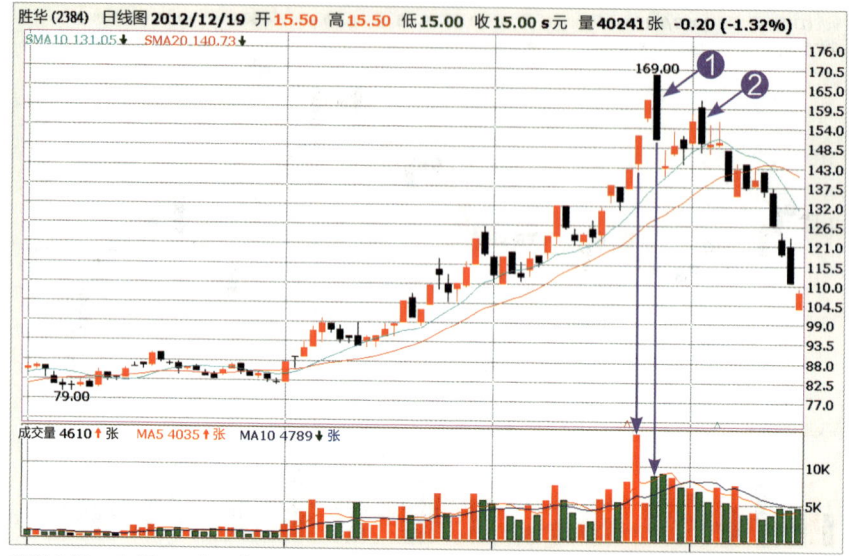

资料来源：富邦e01电子交易系统

❶ 上涨到高档，爆大量后上涨两天，出现长黑吞噬K线，显示出强烈的反转信号，多单要出场或减码。

❷ 长黑吞噬下跌后的反弹是逃命波，再出现长黑吞噬K线，形成空头下跌，多单要全部出场。

第2章 ▶▶▶ 高档2根K线转折向下的变化组合

资料来源：富邦e01电子交易系统

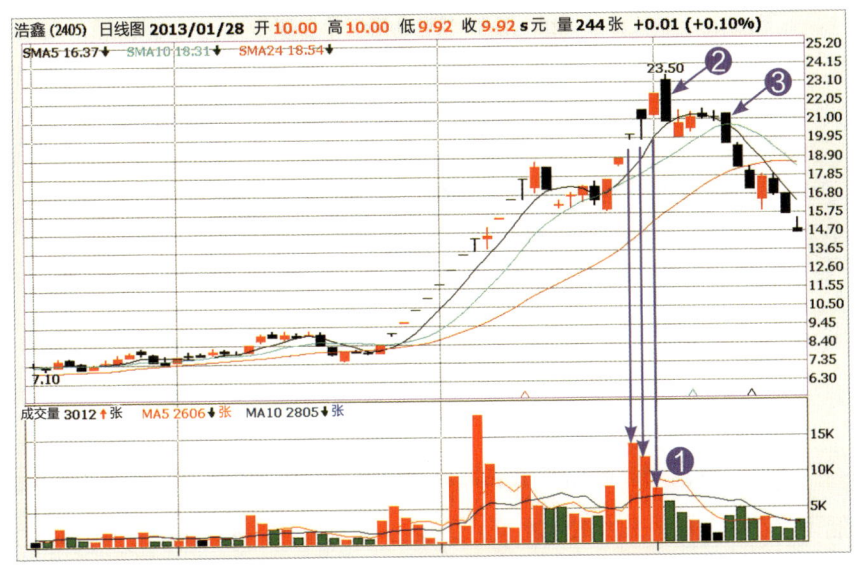

❶ 上涨到高档，出现价量背离，要特别注意止涨下跌的K线信号。

❷ 当日出现长黑吞噬K线，多单要立刻出场。

❸ 反弹不过前高为逃命波，再一次出现长黑吞噬K线，跌破前4根K线，变成空头。

一路向下：高档"长黑贯穿"双K线

定义

上涨走势到高档，出现长黑K线，开盘即下跌，收盘跌破前一日中长红K线的实体最低点。

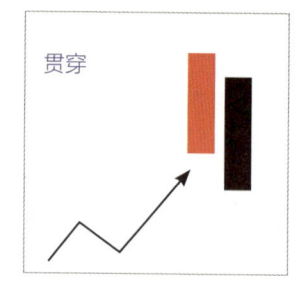

解说

上涨走势到明显高档，出现转折向下的贯穿黑K线，表示当日开低走低，收盘跌破前一日红K线最低点，空方当天向下贯穿，多空主控权产生易位，容易一日反转。

精通

1. 贯穿的黑K线越长，转折的力道越强。

2. 贯穿当日或前一日出现大量，反转信号强烈，转折向下概率高。

3. 短线连续上涨或急涨，获利达15%以上，出现长黑贯穿的K线，一日反转的概率很高，持有多单应该立刻出场。

4. 一根黑K线，一次贯穿就跌破前面2~3根K线的最低点（也可称为3线反黑），反转更强。

5. 高档出现爆量长黑贯穿K线后下跌，要特别注意，日后再上涨到长黑贯穿的K线，会形成重大的压力，换句话说，再上涨是多

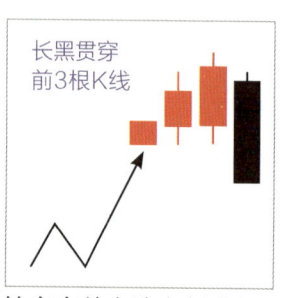

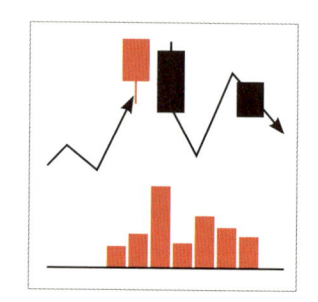

第2章 ▶▶▶ 高档2根K线转折向下的变化组合

单逃命波，不可追多，这时容易形成"头头低"的头部形态。

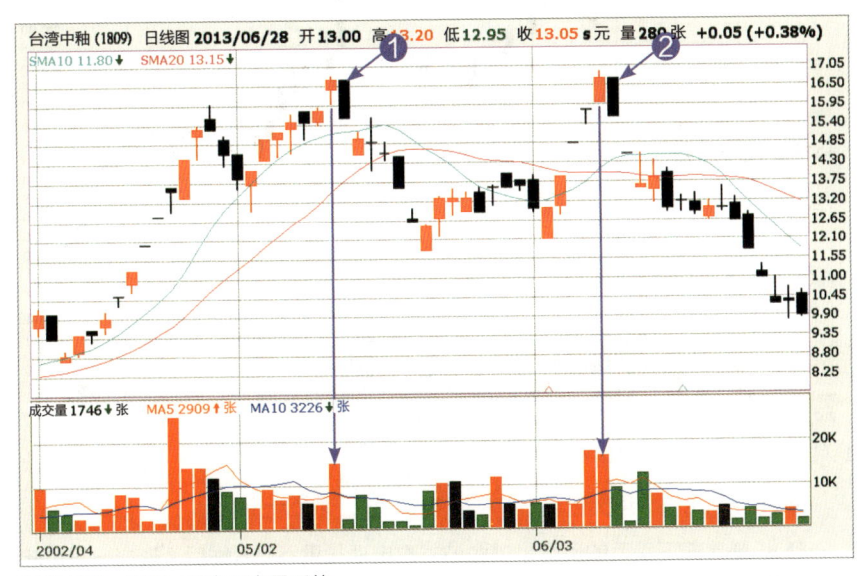

资料来源：富邦e01电子交易系统

❶ 上涨到高档，爆大量后次日出现长黑贯穿K线，形成一日反转，多单要立刻出场。

❷ 长黑贯穿下跌后的反弹是逃命波，再出现长黑贯穿K线后，形成一日反转的跳空下跌。

173

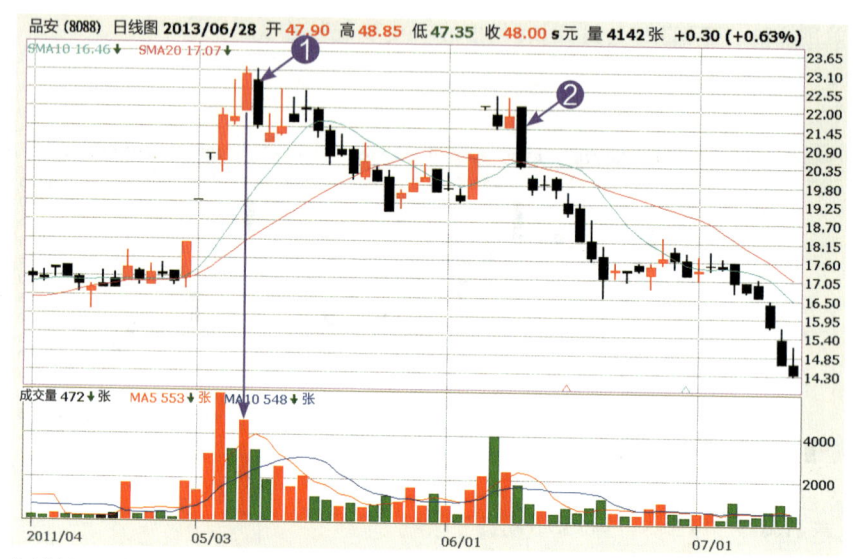

资料来源：富邦e01电子交易系统

❶ 上涨到高档，爆大量后出现长黑贯穿K线，多单要出场。

❷ 长黑贯穿下跌后的反弹是逃命波，再出现长黑吞噬K线后，形成一日反转的跳空下跌。

第3章 低档2根K线转折向上的基本形态

背诵口诀
左长黑右长红

定义

左边下跌幅度达2.5%以上中长黑K线,右边上涨幅度达2.5%以上中长红K线,2根K线构成下跌低点或底部反转向上形态,2根K线必须为中长的实体,可以有小的上下影线。

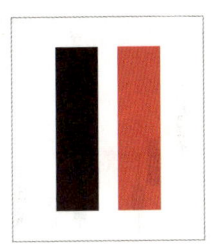

解说

走势下跌中,昨天是长黑K线,但今天收盘却是一根并肩的长红K线,很明显,昨天空方强力下跌的力量,今天被多方完全克服。这是股价下跌转折向上的一组K线基本形态。

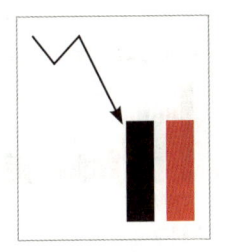

精通

1. 下跌在低档,是一组转折向上的信号(次页图1)。

2. 在多头起攻的位置，要提高警觉，小心是骗线，主力假下跌、真上涨，投资人不可不察（图2）。

3. 在多头走势中，是回档结束信号（图3）。

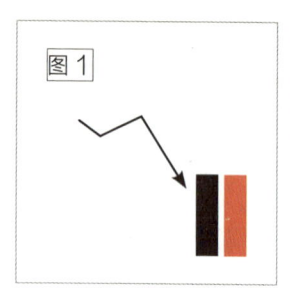

4. 出现在盘整区，表示主力还没有下杀的企图。

资料来源：富邦e01电子交易系统

❶ 下跌到低档，爆大量后出现长黑，再出现并肩长红K线，是转折向上的信号。

❷ 次日上涨，收盘突破并肩2根K线最高点，行情反转。

第3章 ▶▶▶ 低档2根K线转折向上的基本形态

资料来源：富邦e01电子交易系统

❶ 上涨到高档，出现并肩左长红右长黑的2根K线转折组合，容易回档。

❷ 回档到低档，出现左长黑右长红的2根K线转折组合，容易止跌，继续多头走势。

第4章 低档2根K线转折向上的变化组合

低档左中长黑、右中长红的2根K线转折向上的基本形态，可以分为下面5组变化，每组代表的意义及转折的强弱不相同。

基本形态
长黑长红

长红遭遇
一日封口

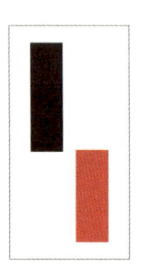

长红覆盖
旭日东升

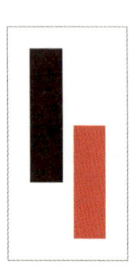

母子怀抱
光明在望

长红吞噬
主力吸货

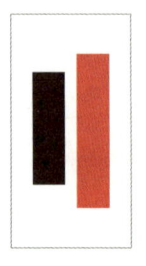

穿头贯穿
一路向上

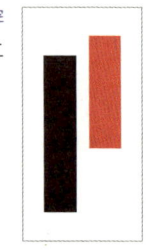

第4章 ▶▶▶ 低档2根K线转折向上的变化组合

一日封口：低档"遭遇"双K线

定义

2根K线构成下跌低点或底部反转向上组合，这2根K线为中长黑及中长红的实体，可以有小的上下影线。

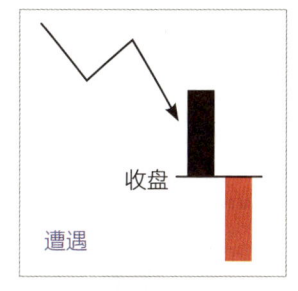

解说

1. 下跌走势到明显低档，出现中长黑K线，第2天出现中长红K线，当日开低出现买盘上涨，收盘接近中长黑K线的收盘价，是一组下跌遇支撑的止跌K线信号。

2. 遭遇组合是5个组合中反转最弱的信号，只能视为止跌，可能还会续跌，最好再观察一天确认是否反转。

精通

1. 空头下跌中出现遭遇形态，如果无量，次日向上，是弱势反弹。如果急跌爆量，次日向上，则是强势反弹，都是逆势反弹，抢反弹买进都要小心。

2. 空头下跌中出现遭遇组合，如果爆大量，转折概率大增，做空要小心，不可追空。

3. 多头回档出现遭遇组合，是回档结束的信号，如果次日出量上涨，是多头续涨的信号，要把握做多的机会买进。

资料来源：富邦e01电子交易系统

❶ 空头下跌中出现遭遇红K，为一日开低走高封口，量缩的止跌，但是不可抢进做多。

❷ 次日不过前高，无法反弹，后面继续下跌。

第4章 ▶▶▶ 低档2根K线转折向上的变化组合

资料来源：富邦e01电子交易系统

❶ 空头急跌出现遭遇组合，为一日开低走高封口的止跌，要看次日。

❷ 出现带大量上涨红K线，并且过遭遇黑K线的最高点，容易反弹到前波下跌的起跌点A。

旭日东升：低档"覆盖"双K线

定义

2根K线构成下跌低点或底部反转向上组合，这2根K线为中长黑及中长红的实体，可有小的上下影线。在下跌的低档，出现下跌中长黑K线，次日开低盘，盘中破新低价，可是收盘突破平盘，红K线实体进入黑K线的实体内，但没突破黑K线实体的最高点。

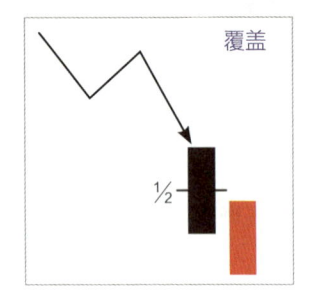

解说

下跌走势到明显低档，出现中长黑K线，第2天出现中长红K线（旭日东升），当天开低盘破新低价，但买盘进入，收盘突破前一日长黑K线的收盘价做收，可确认当天是多方力道强，已经出现空方无法控制下跌，同时有进货的现象，是一组下跌遇支撑的止跌K线信号，要注意是否会转折向上。

精通

1. 覆盖（旭日东升）的红K线越长，转折的力道越强。

2. 红K线收盘如果涨进黑K线实体，但是没有达到黑K线的½，反转信号力道较弱，最好再观察一天确认是否反转。

3. 红K线收盘如果突破黑K线的½以上，可视为反转的信号。

4. 红K线收盘越向上深入黑K线实体，反转向上的可能性越高。如果突破黑K线实体的高点，就形成长红吞噬。

第4章 ▶▶▶ 低档2根K线转折向上的变化组合

5. 出现覆盖的2根K线时，这2根K线的最高点H和最低点L是重要的压力或支撑观察点。收盘突破最高点H，会出现一波上涨；如跌破最低点L，容易出现一波下跌。

6. 出现覆盖后，走势出现在H与L之间的横向盘整，通常多为打底的信号，盘整再次出现转折向上的信号，底部形成概率大增。

7. 覆盖的2根K线如有爆大量情形，更容易反转向上。

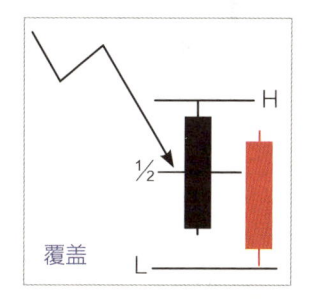

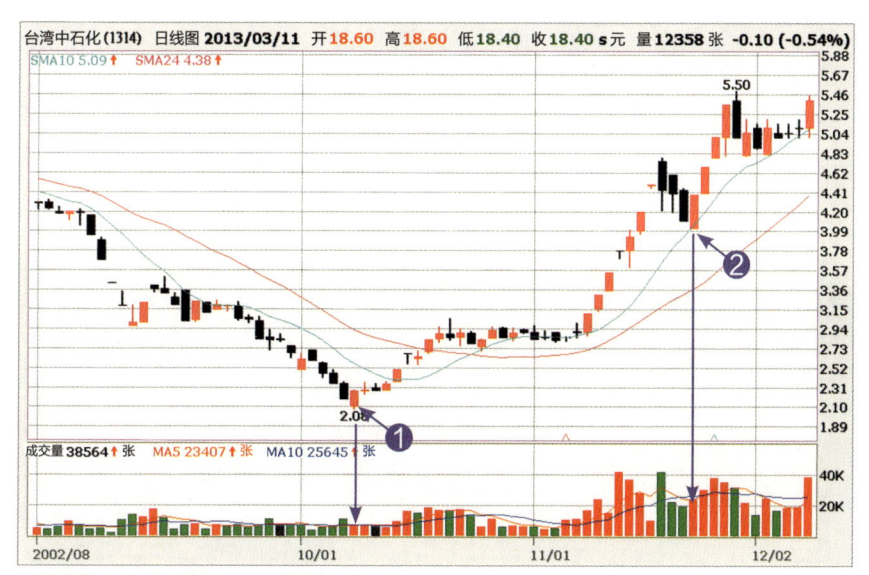

资料来源：富邦e01电子交易系统

❶ 下跌到低档，量缩红K线覆盖，弱势反弹。

❷ 多头回档，出现量增红K线覆盖，多头转折向上的信号明显，次日上涨是买点。

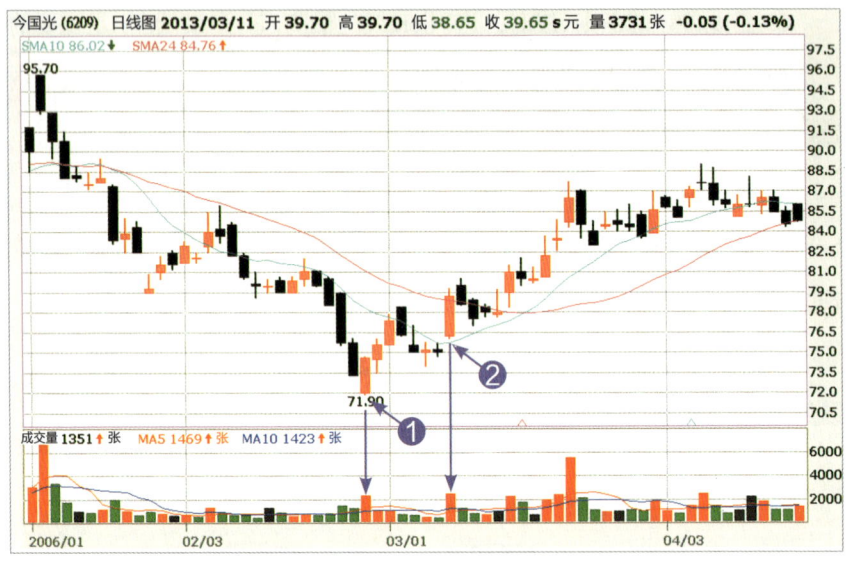

资料来源：富邦e01电子交易系统

❶ 下跌到低档，放量红K线覆盖，次日过高反弹。

❷ 下跌不破前低71.9，出现量增红K线上涨，突破前面高点，打底完成，是买点。

第4章 低档2根K线转折向上的变化组合

母子怀抱：低档"怀抱"双K线

定义

由2根K线构成，下跌低档出现中长黑K线，次日出现不过高也不破低的红K线，中长黑K线称为母线，次日红K线称为子线。

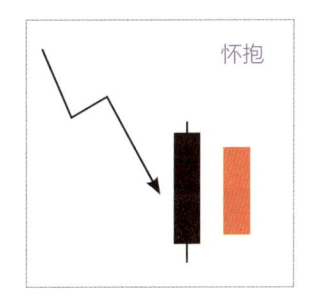

解说

下跌到明显低档，出现母子怀抱的K线组合，代表下跌走势突然变得不确定，以两天的情况来看，多空双方的力量突然呈现拉锯，空头下跌力道减弱，方向可能要转折向上，是一组下跌的止跌K线信号，要注意次日是否会转折向上。

精通

1. 母子怀抱是以K线实体来观察，与子线长短、有无上下影线或红黑都没关系。

2. 出现母子怀抱，多空开始不安定，容易上下震荡几天，母线黑K线的最高点是重要观察位置，突破将反转确认。

3. 母子怀抱的成交量要注意观察，母量大于子量，出现价涨量缩的背离，次日要放量上涨化解背离，否则不易反转成功，次日容易下跌。

4. 母子怀抱的成交量，子量大于母量，则是价涨量增，次日容易上涨反转。

5. 出现母子怀抱，长黑K线的最高点与最低点是重要观察点，向上突破最高点，多空易位，多方反转掌控主动权。反之，向下跌破最低点，空

方继续主导下跌。

6. 出现母子怀抱，次日开盘位置很重要，开高容易向上反转，开低容易下跌。

7. 母子怀抱次2日仍然没有突破或跌破，要注意可能形成下降三法形态（见第4篇）。

8. 母子怀抱的子线如果是十字线，反转力道大于一般的母子怀抱，是强力反转的信号，出现这种双K线组合，投资人要特别警觉，不可轻忽，因为会很容易形成低档晨星转折的3根K线组合。

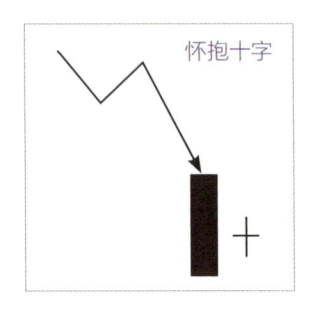

怀抱十字

资料来源：富邦e01电子交易系统

❶ 下跌到低档，长黑后的母子怀抱，为反弹信号。

❷ 开盘跳空向上，突破长黑K线最高点，反转确认。

第4章 ▶▶▶ 低档2根K线转折向上的变化组合

资料来源：富邦e01电子交易系统

❶ 下跌到低档，长黑后的母子怀抱，为反弹信号。

❷ 次日开盘向上，突破长黑K线最高点，反转确认。

资料来源：富邦e01电子交易系统

❶ 下跌到低档，长黑后的母子怀抱十字，为强力反弹信号。

❷ 次日开盘向上跳空涨停板，量缩惜售，反转确认。

第4章 ▶▶▶ 低档2根K线转折向上的变化组合

主力吸货：低档"长红吞噬"双K线

定义

下跌走势到低档，出现长红K线，把前一日下跌的黑K线完全包覆，红K线的实体完全吞噬前一根黑K线的实体。

长红吞噬

解说

下跌走势到明显低档，出现转折向上的吞噬红K线，表示当日开低走高，收盘突破前一日最高点，多方买盘出笼，多空主控权产生易位。长红吞噬是5组向上双K线转折信号最强的组合，空单要立刻回补。

精通

1. 被吞噬的黑K线越小，吞噬的红K线越长，转折的力道越强。

2. 吞噬当日或前一日出现大量或窒息量，反转信号越强，转折向上概率越高。但要分辨走势是多头的回档再上涨，还是空头跌深的反弹。

3. 一根红K线，一次吞噬就突破前面下跌的2~3根黑K线的最高点，反转更强（也称为3线反红）。

长红吞噬前3根K线

4. 长期下跌的低档或急跌的下方出现爆量，长红吞噬K线，一日反转概率很高，持有空单应立刻回补。

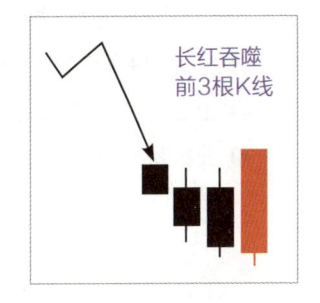

5. 低档出现爆量长红吞噬K线后上涨反弹一段，要特别注意，日后

189

再下跌，长红吞噬的K线会形成重大的支撑。换句话说，再下跌是空单的逃命波，不可追空，这时容易形成"底底高"的底部形态。

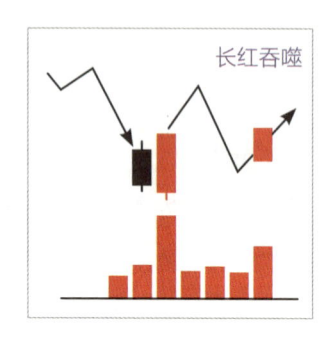

长红吞噬

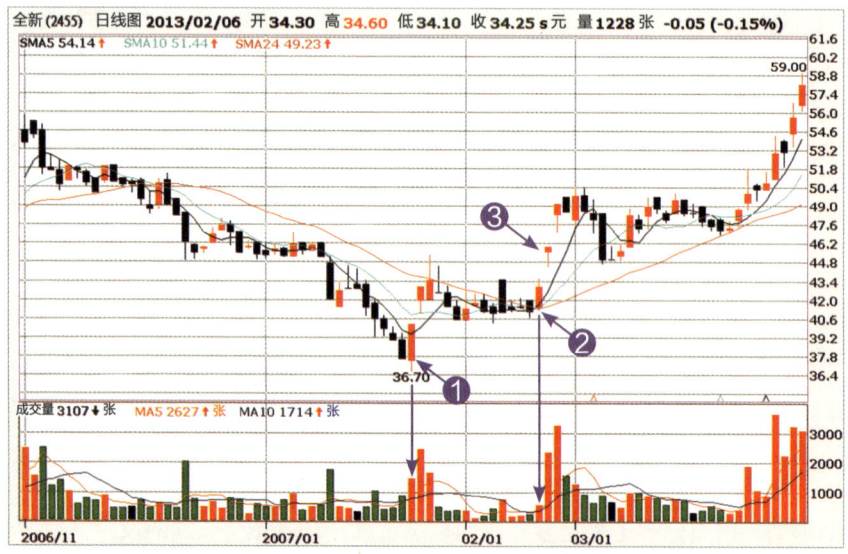

资料来源：富邦e01电子交易系统

❶ 空头下跌出现放量长红K线吞噬，为止跌向上反弹的K线信号。

❷ 出现放量长红K线吞噬反弹后，容易做底底高的多头底部。

❸ 要掌握多头确认的向上攻击红K线做多买进。

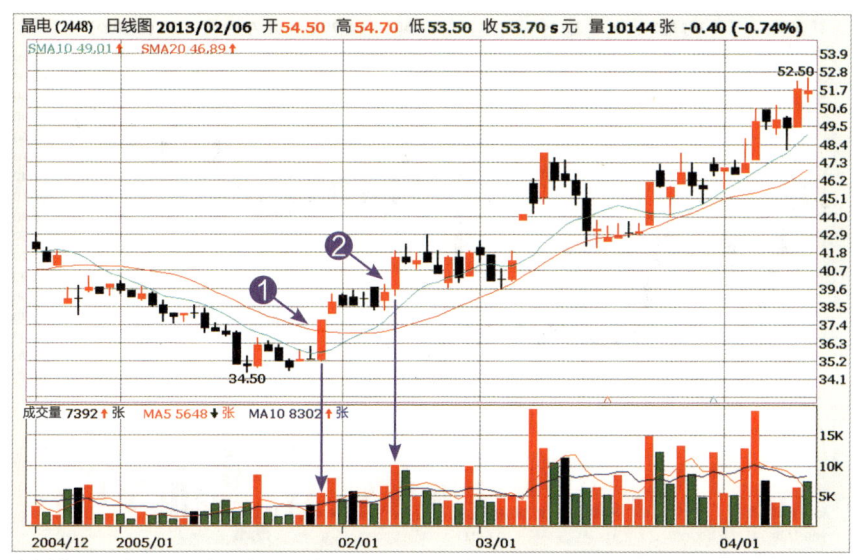

第4章 ▶▶▶ 低档2根K线转折向上的变化组合

资料来源：富邦e01电子交易系统

❶ 空头下跌出现放量长红K线吞噬，一根长红K线吞噬10根下跌K线，是强力止跌向上反弹的信号。

❷ 再次出现放量长红K线的多头确认向上攻击红K线，做多买进。

资料来源：富邦e01电子交易系统

❶ 下跌到低档，出现长红吞噬，没有攻击量，为弱势反弹信号。

❷ 再次出现长红吞噬，量未放大，仍为弱势反弹信号。

❸ 开盘向上突破吞噬长红K线最高点，同时出现明显攻击大量，反转确认。

第4章 ▶▶▶ 低档2根K线转折向上的变化组合

一路向上：低档"长红贯穿"双K线

定义

下跌走势到低档，出现长红K线，开盘即上涨，收盘突破前一日中长黑K线的实体高点。

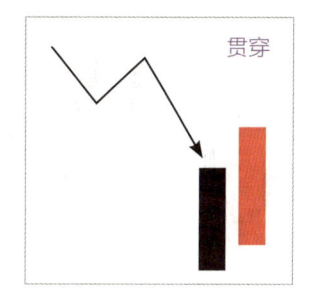

解说

下跌走势到明显低档，出现转折向上的贯穿红K线，表示当日开高走高，收盘突破前一日黑K线最高点，多方当天向上贯穿，多空主控权产生易位，如果配合大量，容易一日翻转。

精通

1. 贯穿的红K线越长，转折的力道越强。

2. 贯穿当日或前一日出现大量，反转信号越强，转折向上概率越高。

3. 短线连续下跌或急跌，幅度达15%以上，出现长红贯穿的K线，一日反转的概率很高，持有空单应该立刻回补。

4. 一根红K线，一次贯穿就突破前面2~3根K线的最高点（也称为3线反红），反转更强。

5. 低档出现爆量长红贯穿K线后反弹，要特别注意，日后再下跌到长红贯穿的K线，会

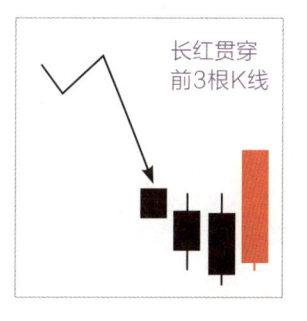

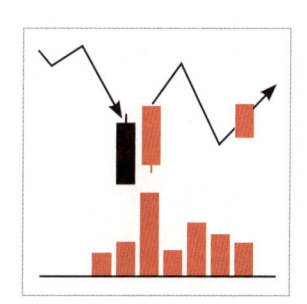

形成重大的支撑。换句话说，再下跌是空单逃命波，不可追空，这时容易形成"底底高"的底部形态。

资料来源：富邦e01电子交易系统

❶ 下跌到低档，出现长红贯穿，同时出现攻击量，为反弹信号。

❷ 再次出现大量长红上攻，反转确认。

第4章 ▶▶▶ 低档2根K线转折向上的变化组合

资料来源：富邦e01电子交易系统

❶ 下跌到低档，出现长红贯穿，爆大量，收盘突破前3根黑K线最高点，形成3线反红的强力反弹信号。

❷ 反弹再下跌是空头逃命波，出现大量长红的底底高，容易盘整打底。

第4篇

3根K线看转折

连续3根K线，在上涨高档出现转下跌，或在下跌低档出现转上涨的组合，是改变方向的明显信号。

3根K线是确认转折所需的最少K线根数，有时会超过3根以上的K线才完成转折。越多K线才确认的转折组合，转折力道就会越强。

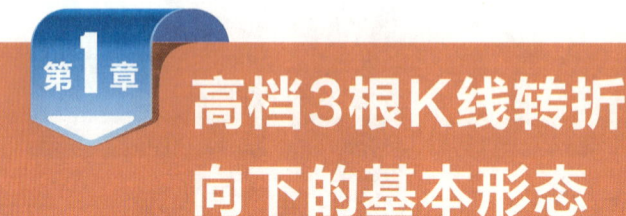

第1章 高档3根K线转折向下的基本形态

定义

左边1根上涨的中长红K线，中间1根变盘线，右边1根下跌的中长黑K线，由3根K线构成上涨到高点的反转向下基本形态。通常中间的变盘线称为"星"，转折向下的组合形态称为"夜星"。

基本形态

解说

走势上涨到高档的长红K线，次日收盘出现多空对决的变盘线，再出现一根下跌的长黑K线，很明显，昨天对决之后，空方战胜，原来向上的多方主控，现在转为向下的空方主控。夜星转折是股价上涨转折向下的K线基本形态。

精通

1. 多头上涨在高档，是转折向下的信号，股价要回档。
2. 空头反弹出现"夜星"，反弹结束，股价继续下跌。

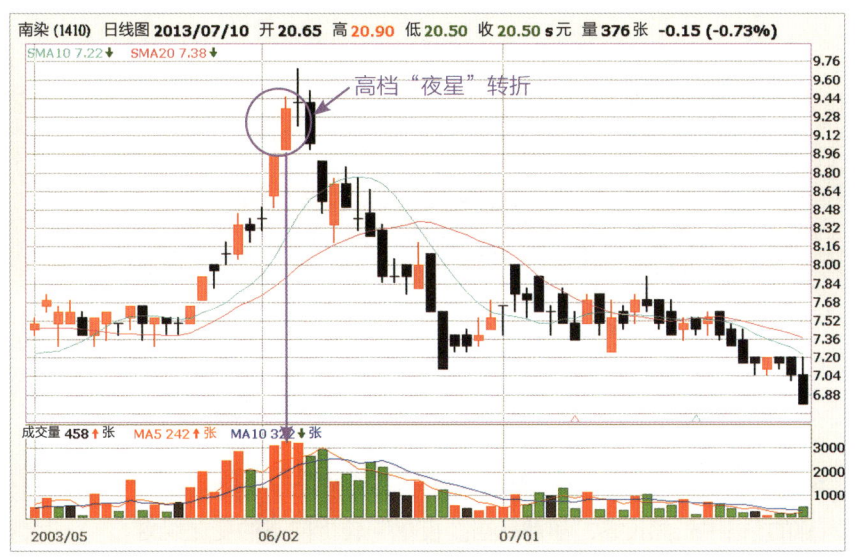

第1章 ▶▶▶ 高档3根K线转折向下的基本形态

资料来源：富邦e01电子交易系统

资料来源：富邦e01电子交易系统

第2章 高档3根K线转折向下的变化组合

高档左边1根中长红K线，中间夹着1到数根的变盘线，右边出现大约对称的1根中长黑K线，都是高档"夜星"转折向下的变化组合。

基本形态

孤岛夜星

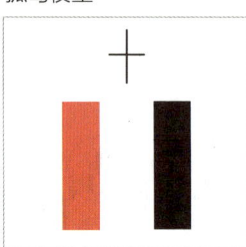

母子变盘

双星变盘

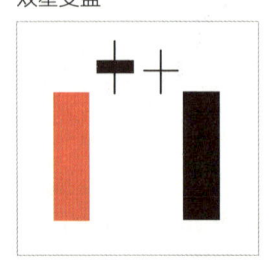

双鸦变盘

群星变盘

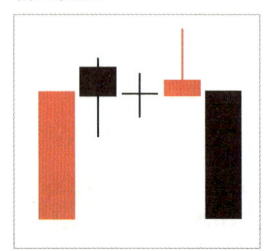

第2章　高档3根K线转折向下的变化组合

组合1：孤岛夜星

1. 上涨高档或空头反弹出现中长红K线，次日出现向上跳空的变盘线，如果第3天出现往下跳空下跌的中长黑K线，称为"孤岛夜星"组合。

2. 出现"孤岛夜星"组合，是强烈向下反转的信号，如果同时出现大量或爆大量，反转更确认。

3. 变盘线越多，反转下跌后的力道越强。

4. 出现"孤岛夜星"组合，在多头上涨趋势中表示将强力回档，多单要出场。在空头反弹时，将继续下跌，要把握机会做空。

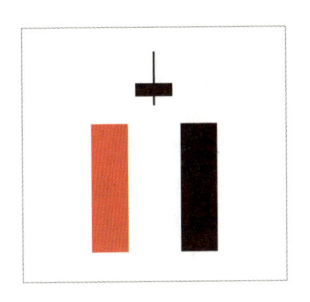

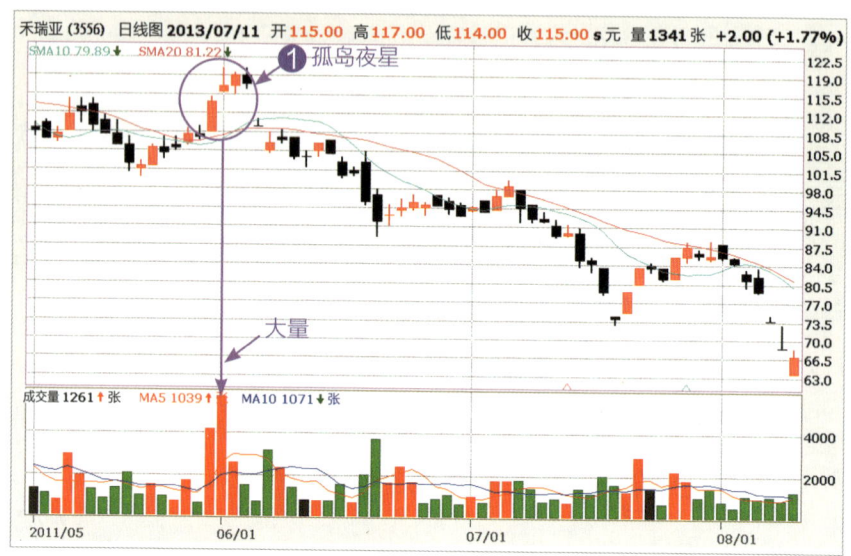

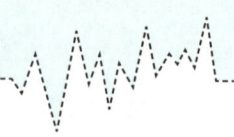

资料来源：富邦e01电子交易系统

❶ 上涨到高档，出现带大量的长红K线。之后出现跳空向上的3根变盘线，接着出现向下跳空跌停板，这是"孤岛夜星"的信号（跌停为长黑）。

组合2：母子变盘

1.上涨高档或空头反弹出现中长红K线，次日出现怀抱变盘线，第3天出现往下中长黑K线下跌，称为"母子变盘"组合。

2.出现"母子变盘"组合，中长红K线的最低点被跌破，向下反转更加确认，如果同时出现大量或爆大量，反转更明显。

3.出现"母子变盘"组合，在多头上涨趋势中即将强力回档，多单要出场。在空头反弹时，将继续下跌，要把握机会做空。

第2章 ▶▶▶ 高档3根K线转折向下的变化组合

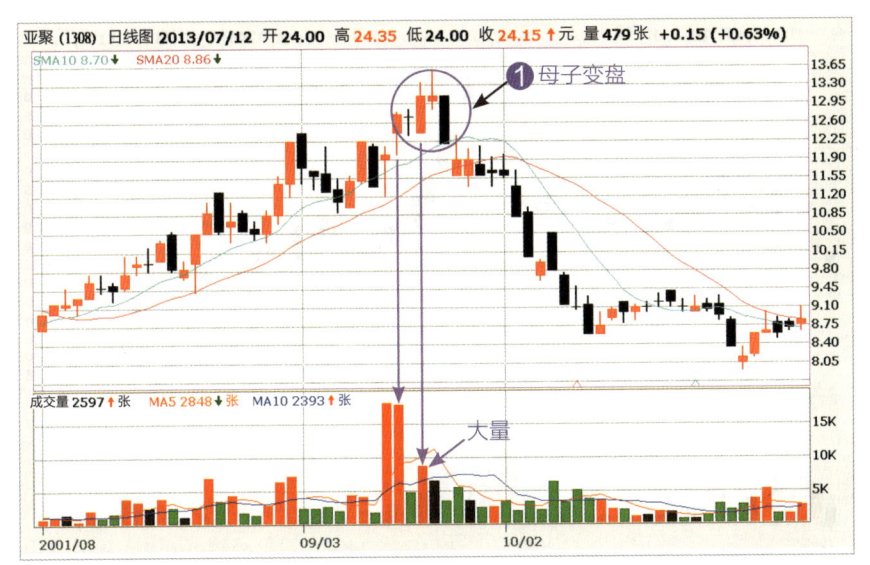

❶ 上涨到高档，出现带大量长红K线。次日出现母子怀抱十字线，然后长黑下跌，这是"母子变盘"的信号。

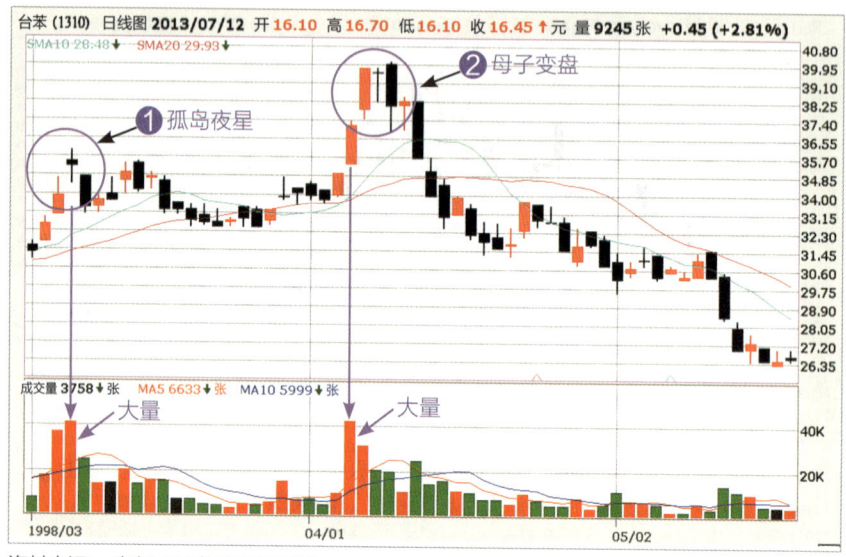

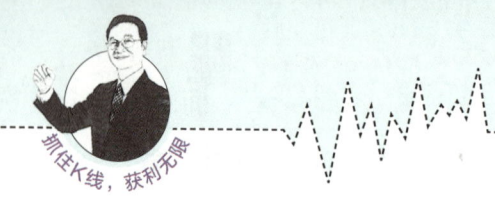

资料来源：富邦e01电子交易系统

❶ 上涨到高档，出现带大量的十字变盘线。次日出现跳空长黑下跌，这是"孤岛夜星"的信号。

❷ 上涨到高档，出现带大量的长红K线。次日出现母子怀抱十字线，然后长黑下跌，这是"母子变盘"的信号。

组合3：双星变盘

1. 上涨高档或空头反弹出现中长红K线，之后连续在高档出现2根变盘线，第4天出现往下的中长黑K线，称为"双星变盘"。

2. 出现"双星变盘"组合，双星呈现"孤岛转折"，向下反转信号更强，如果高档同时出现大量或爆大量，反转更明显，多单要出场。在空头反弹时出现"双星变盘"组合，将

204

第2章 ▶▶▶ 高档3根K线转折向下的变化组合

继续下跌，要把握机会做空。

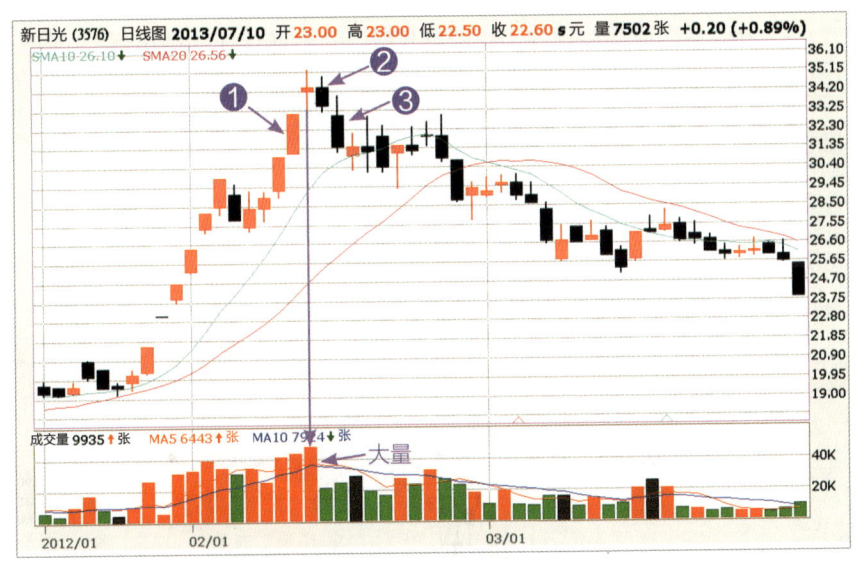

资料来源：富邦e01电子交易系统

❶ 上涨到高档，出现带大量的长红K线。

❷ 出现连续2天变盘线。

❸ 右边出现对称下跌的中黑K线，高档出现双星变盘组合，股价反转。

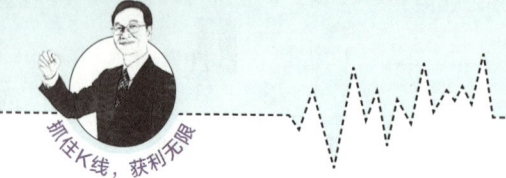

组合4：双鸦变盘

1. 上涨高档或空头反弹出现长红K线，之后连续在高档出现2根中长黑K线，第4天出现往下长黑K线下跌，称为"双鸦变盘"。

2. 出现"双鸦变盘"组合，向下反转信号强烈，如果高档同时出现大量或爆大量，反转更明显，多单要出场。在空头反弹时出现"双鸦变盘"组合，将继续下跌，要把握做空。

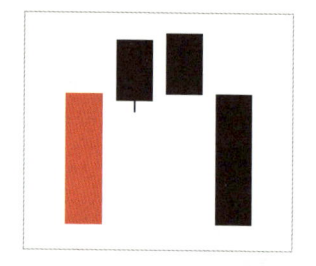

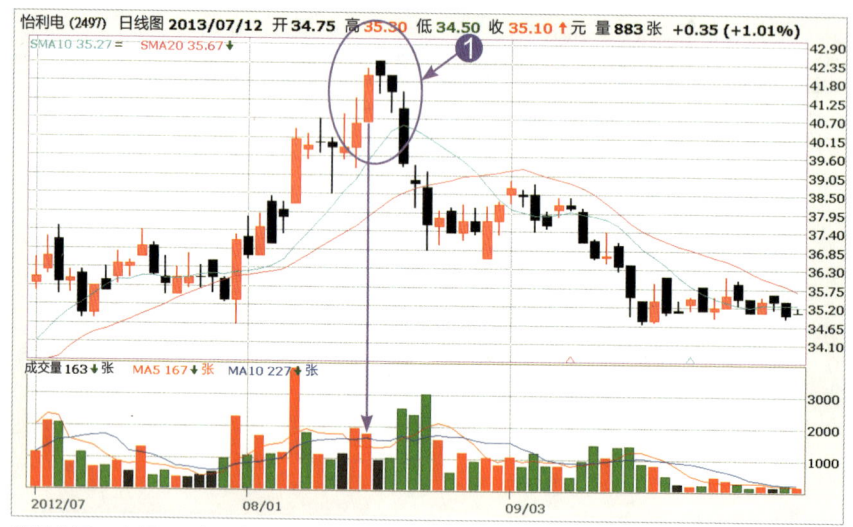

资料来源：富邦e01电子交易系统

❶ 上涨到高档，出现带大量长红K线，之后出现2根中黑K线，接着长黑下跌，跌破带大量长红K线的最低点，形成"双鸦变盘"信号，多头反转。

第2章 ▶▶▶ 高档3根K线转折向下的变化组合

组合5：群星变盘

1. 上涨高档出现中长红K线，之后在高档连续出现2根以上的变盘线，再出现往下中长黑K线下跌，称为"群星变盘"。

2. 出现"群星变盘"组合，群星数量越多，向下反转信号更明确，同时下跌的时间越长，短期不容易上涨，多单要出场，也可以做空。

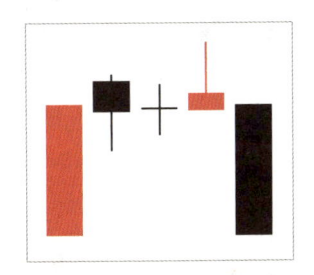

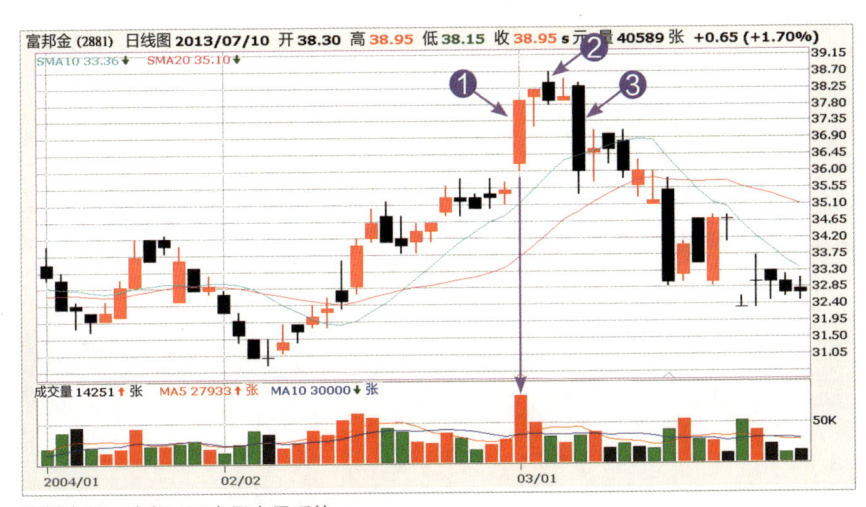

资料来源：富邦e01电子交易系统

❶ 上涨到高档，出现爆大量的长红K线。

❷ 连续3天变盘线。

❸ 右边出现对称下跌的长黑K线，高档出现3星变盘的组合，股价反转。3星变盘，最少3天是空方主控。

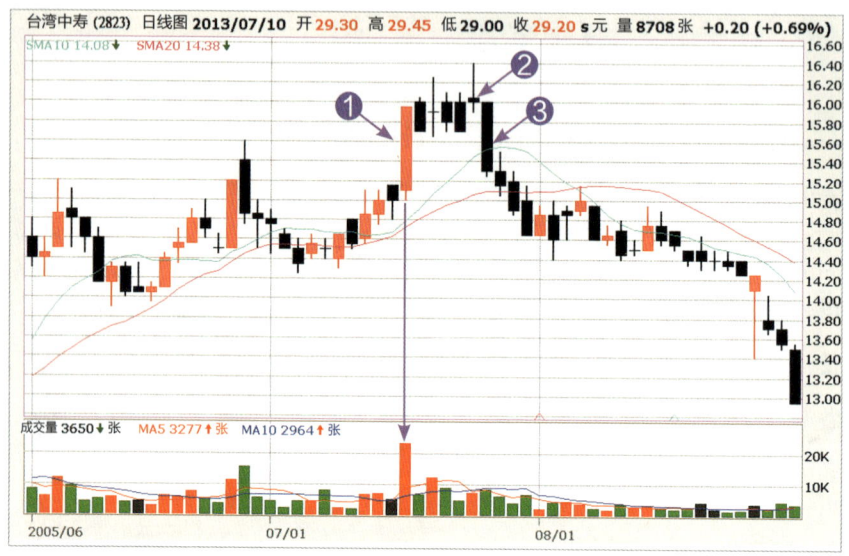

资料来源：富邦e01电子交易系统

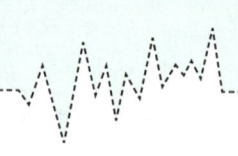

❶ 上涨到高档，出现爆大量的长红K线。

❷ 连续5天变盘线。

❸ 右边出现对称下跌的长黑K线，高档出现5星变盘的组合，股价反转。5星变盘，最少5天是空方主控。变盘线越多，下跌力道越强。

第2章 ▶▶▶ 高档3根K线转折向下的变化组合

资料来源：富邦e01电子交易系统

❶ 上涨到高档，连续2日出现带大量的长红K线。

❷ 连续5天变盘线。

❸ 右边出现对称下跌的长黑K线，高档出现5星变盘的组合，股价反转。5星变盘，最少5天是空方主控。变盘线越多，下跌力道越强。

资料来源：富邦e01电子交易系统

❶ 上涨到高档，出现爆大量的长红K线。

❷ 连续20天变盘线的横向盘整。

❸ 右边出现对称下跌爆大量的长黑K线，高档出现20星变盘的组合，股价反转。20星变盘，最少20天是空方主控。变盘线越多，下跌力道越强。

第2章 ▶▶▶ 高档3根K线转折向下的变化组合

🗣 "夜星"变盘重点整理

1. 上涨高档出现的"夜星"组合，中间夹着"1颗星"（1根变盘线），转折的力道比较弱。

2. 上涨高档出现的"夜星"组合，同时爆大量，转折向下的概率大大提高，而且下跌的力道也比较强。

3. 上涨高档出现的"夜星"组合，中间夹着的变盘线越多，对称中长黑K线下跌时，空方控盘的时间也越长。例如上涨高档出现中长红K线，之后出现5根横盘的变盘线，然后再出现1根中长黑K线下跌，完成"群星变盘"组合，空方有约5天时间主控，至少5天时间在中长黑K线的高点之下。

4. 上涨高档出现中长红K线，之后如随即出现变盘线，就要观察位置和成交量，评估出现"夜星"转折的可能性，运用"费波南系数"，注意变盘线第1、3、5、8、13、21日的K线转折走势。

5. "夜星"转折的组合，如下跌中长黑K线的最高点被上涨的红K线突破，那么转折向下的结构就会被破坏，向下空方的力道转为由向上多方主控。

资料来源：富邦e01电子交易系统

❶ 上涨出现爆大量的跳空长红K线。

❷ 连续5天变盘线的横向盘整。

❸ 右边出现对称下跌的长黑K线，空方主控，应会继续下跌。

❹ 长黑K线次日出现带大量长红K线，收盘突破长黑K线的最高点，"群星变盘"组合架构被破坏，转为多方主控，再1根带大量长红K线往上，行情反转成多头。

第3章 ▶▶▶ 低档3根K线转折向上的基本形态

第3章 低档3根K线转折向上的基本形态

定义

左边1根下跌的中长黑K线，中间1根变盘线，右边1根上涨的中长红K线。由3根K线构成下跌到低点的反转向上的基本形态，通常中间的变盘线称为"星"，转折向上的组合形态称为"晨星"。

解说

走势下跌到低档的长黑K线，次日收盘出现多空对决的变盘线，再出现一根上涨的长红K线，很明显，昨天对决之后，多方战胜，原来向下空方的主控，现在转为向上多方的主控。晨星转折是股价下跌转折向上的一组K线基本形态。

精通

1. 空头下跌在低档，是一组转折向上的信号，股价要反弹。

2. 多头回档出现"晨星"，回档结束，股价继续上涨。

基本形态

213

资料来源：富邦e01电子交易系统

资料来源：富邦e01电子交易系统

第4章 低档3根K线转折向上的变化组合

低档左边1根中长黑K线，中间夹着1到数根的变盘线，右边出现大约对称的1根中长红K线，这些都是低档"晨星"转折向上的变化组合。

基本形态

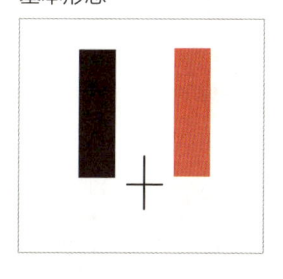

孤岛晨星

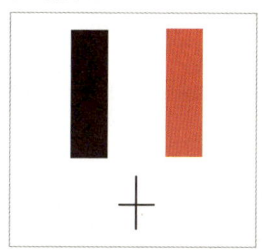

母子变盘

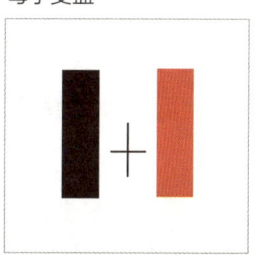

双星变盘

双肩变盘

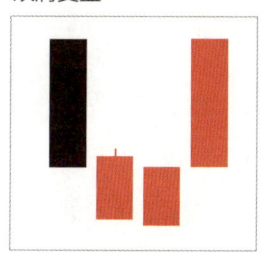

群星变盘

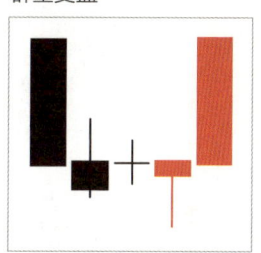

组合1：孤岛晨星

1. 下跌低档或多头回档出现中长黑K线，次日出现向下跳空的变盘线，如果第3天出现往上跳空上涨的中长红K线，称为"孤岛晨星"组合。

2. "孤岛晨星"组合是强烈向上反转的信号，如果同时出现大量或爆大量，反转更确认。

3. 变盘线越多，反转上涨后的力道越强。

4. 出现"孤岛晨星"组合，在空头下跌趋势中，表示即将强力反弹，空单要回补。在多头回档时，将会继续上涨，要把握机会做多。

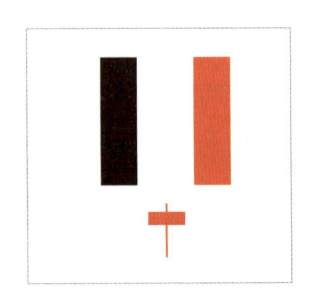

第4章 ▶▶▶ 低档3根K线转折向上的变化组合

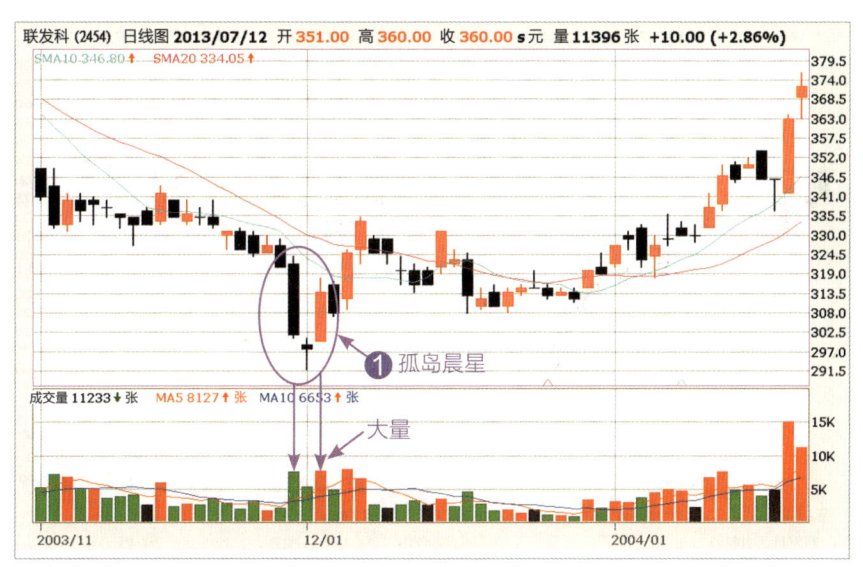

资料来源：富邦e01电子交易系统

❶ 下跌到低档，出现带大量长黑K线。次日出现跳空向下的1根变盘线，再向上跳空长红K线，出现"孤岛晨星"的信号，空头反弹。

组合2：母子变盘

1.下跌低档或多头回档出现中长黑K线，次日出现怀抱变盘线，如果第3天出现往上中长红K线上涨，称为"母子变盘"组合。

2.出现"母子变盘"组合，中长黑K线的最高点被突破，向上反转更加确认，如果同时出现大量或爆大量，反转更明显。

3.出现"母子变盘"组合，在空头下跌趋势中，即将强力反弹，空单要回补。在多头回档时，将继续上涨，要把握机会做多。

❶ 下跌到低档，出现放量长黑K线。次日母子怀抱十字线，再长红上涨，突破长黑最高点，"母子变盘"强力反弹。

第4章 ▶▶▶ 低档3根K线转折向上的变化组合

资料来源：富邦e01电子交易系统

❶ 下跌出现"母子变盘"组合，空头反弹。

❷ 下跌出现"双肩变盘"组合，空头反弹成底底高，空头趋势改变。

❸ 多头回档，出现"母子变盘"组合，多头继续上涨。

组合3：双星变盘

1. 下跌低档或多头回档出现中长黑K线，之后连续在低档出现2根变盘线，第4天出现往上中长红K线上涨，称为"双星变盘"。

2. 出现"双星变盘"组合，双星呈现"孤岛转折"，向上反转信号更强，如果低档同时出现大量或爆大量，反转更明显，空单要回补。在多头回档时出现"双星变盘"组合，将

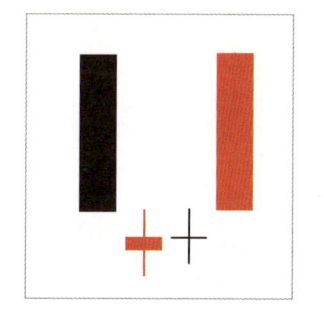

继续上涨，要把握机会做多。

资料来源：富邦e01电子交易系统

❶ 下跌到低档，出现长黑K线。

❷ 连续2天变盘线。

❸ 右边出现对称带大量上涨的红K线，低档出现"双星变盘"的组合，股价将会反转。

第4章 ▶▶▶ 低档3根K线转折向上的变化组合

组合4：双肩变盘

1. 下跌低档或多头回档出现长黑K线，之后连续在低档出现2根中长红K线，第4天出现往上长红K线上涨，称为"双肩变盘"。

2. 出现"双肩变盘"组合，向上反转信号强烈，如果低档同时出现大量或爆大量，反转更明显，空单要回补。在多头回档时出现"双肩变盘"组合，将继续上涨，要把握机会做多。

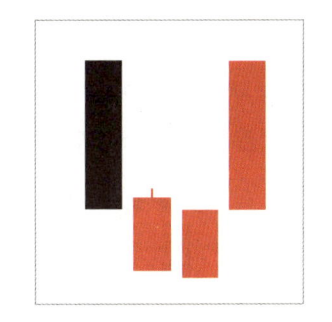

资料来源：富邦e01电子交易系统

❶ 跌到低档出现长黑K线，之后出现2根怀抱变盘线，然后再出现2根中红K线，接着出现向上的长红K线，突破长黑K线最高点，形成"双肩变盘"的信号，空头反转。

组合5：群星变盘

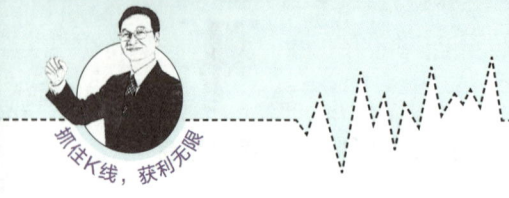

1. 下跌到低档出现中长黑K线，之后在低档连续出现2根以上的变盘线，再出现往上中长红K线上涨，这种组合称为"群星变盘"。

2. "群星变盘"组合的群星数量越多，向上反转信号越明确，同时上涨的时间也会越长，短期不容易下跌，空单要回补，也可以做多。

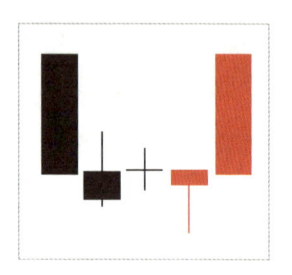

资料来源：富邦e01电子交易系统

❶ 下跌到低档，出现长黑K线。

❷ 连续6天变盘线的横盘。

❸ 右边出现对称上涨的带大量长红K线，低档出现6星变盘的组合，股价反转。6星变盘，最少6天是多方主控上涨。

第4章 ▶▶▶ 低档3根K线转折向上的变化组合

资料来源：富邦e01电子交易系统

❶ 下跌到低档，出现带大量的长黑K线。

❷ 连续5天变盘线的横盘盘整。

❸ 右边出现对称的带大量长红K线，低档出现5星变盘的组合，股价反转。5星变盘，最少有5天多方主控上涨。

资料来源：富邦e01电子交易系统

❶ 下跌到低档，出现带大量的长黑K线。

❷ 连续19天变盘线的横向盘整。

❸ 右边出现对称上涨带大量的长红K线，低档出现19星变盘的组合，股价反转。19星变盘，最少有19天是多方主控上涨。变盘线越多，上涨的力道就越强。

第4章　▶▶▶　低档3根K线转折向上的变化组合

🗣 "晨星"变盘重点整理

1. 下跌低档出现的"晨星"组合，中间夹着"1颗星"（1根变盘线），转折的力道比较弱。

2. 下跌低档出现的"晨星"组合，同时爆大量，转折向上的概率大大提高，而且上涨的力道强。

3. 下跌低档出现的"晨星"组合，中间夹着的变盘线越多，对称中长红K线上涨时，多方控盘的时间也越长。例如下跌低档出现中长黑K线，之后出现5根横盘的变盘线，然后再出现1根对称的中长红K线上涨，完成"群星变盘"。多方有约5天时间主控，有至少5天时间在中长红K线的低点之上。

4. 下跌低档出现中长黑K线，之后如随即出现变盘线，就要观察位置和成交量，评估出现"晨星"转折的可能性，运用"费波南系数"，注意变盘线第1、3、5、8、13、21日的K线转折走势。

5. "晨星"转折的组合，如果上涨中长红K线的最低点被下跌的黑K线跌破，转折向上的结构就会被破坏，向上多方的力道转为向下由空方主控。

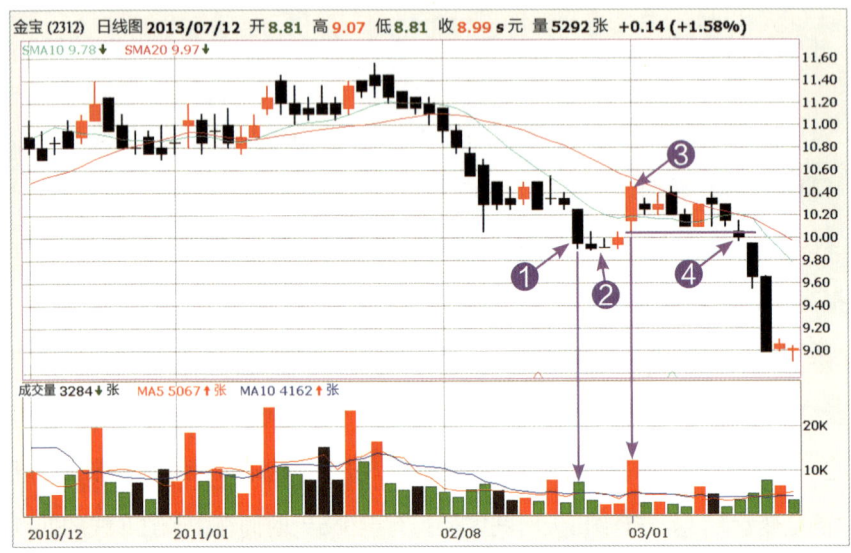

资料来源：富邦e01电子交易系统

❶ 下跌出现带大量的长黑K线。

❷ 连续3天变盘线的横向盘整。

❸ 右边出现对称带大量上涨的长红K线，晨星变盘，多方主控，应该会反转上涨。

❹ 长红K线后股价该反弹而没有反弹，第8天收盘跌破长红K线的低点，"群星变盘"组合架构被破坏，转为空方主控，行情反转，继续空头。

第4章 低档3根K线转折向上的变化组合

投资笔记

第5篇

行进中的K线组合

行情在上涨或下跌行进时，单一K线虽然可以反映当天交易人的看法，但是容易受到突发消息的影响，经过连续2~3天以上的行情走势，可以窥知交易人对未来短期的期望。

透过连续K线的表现或组合，能够研判行情的短期走势变化，不会因为一天K线的变化，干扰到对方向的判断。

第1章 上涨中的K线组合

上涨中的K线有8种组合，详细研读，就可以正确判断行情的变化。

组合1：一星二阳

定义

1根上涨的中长红K线，次日1根十字或纺锤变盘线，第3日1根高于第1日中长红K线最高点的中长红K线，这3根K线上涨构成的组合，称为"一星二阳"。通常中间的"星"可以是红K线或黑K线，也能是实体，但实体要很小。

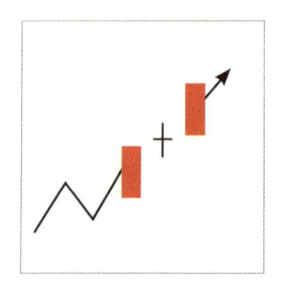

第5篇

第1章 ▶▶▶ 上涨中的K线组合

解说

1. 在走势上涨中经常可以看到"一星二阳"的组合，这是上涨中继的信号，表示往上趋势没有改变，通常还会有更高价，仍为多方主控向上的格局。

2. 夹在中间的"星"可以有2根以上，重点是"星"的K线收盘不能跌破前一天K线的最低点，其后要有1根向上的中长红K线，幅度与之前的中长红K线略同或更大。

精通

1. 多头上涨1根中长红K线，当天涨幅太大，次日很容易出现卖压而呈休息状态，然后再上攻，所以上涨时容易出现"一星二阳"的组合。

2. "一星二阳"的组合后续还有高点，当多头起涨第1根中长红K线，次日出现休息的变盘线，可以大胆推测，后面容易再出现上涨1根中长红K线，形成"一星二阳"的组合而买进。要特别强调的是，这是指多头起攻的位置，如果上涨到高档，就不能这样推测，因为高档长红再出现变盘十字线，容易出现"夜星"向下转折。

3. 多头上涨1根中长红K线之后，连续出现1根以上的小红、小黑或变盘线，如果都横盘维持在中长红K线收盘之上，是强势整理的形态，随时都可能发动上涨，把之前位于下面的中长红K线搬到上面。面临这样的强势整理形态，要把握上攻的机会进场。

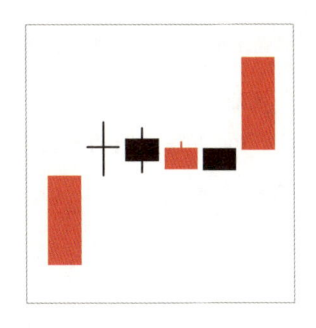

4. 多头上涨1根中长红K线之后，连续出现1根以上的小红、小黑或变盘线，如果维持小幅上涨，是碎步上涨形态，随时都可能发动大涨，出

现中长红K线的走势。

5. 出现"一星二阳"的组合后，其后的中长红K线最低的点不能被跌破，否则会破坏"一星二阳"的架构。

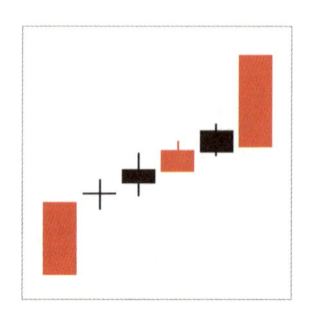

资料来源：富邦e01电子交易系统

❶ 下跌到低档出现"一星二阳"，后面还有高点，容易继续反弹。

❷ 下跌到低档再次出现"一星二阳"，同时没有跌破前面低点，容易打底反转。

第1章 ▶▶▶▶ 上涨中的K线组合

资料来源：富邦e01电子交易系统

❶ 底部盘整突破，起攻位置出现"一星二阳"组合，后面还有高点，容易继续上涨，要锁股继续做多操作。

❷ 休息横盘维持在高档，呈现碎步上涨。

❸ 碎步上涨11天，第12天出现大涨。

资料来源：富邦e01电子交易系统

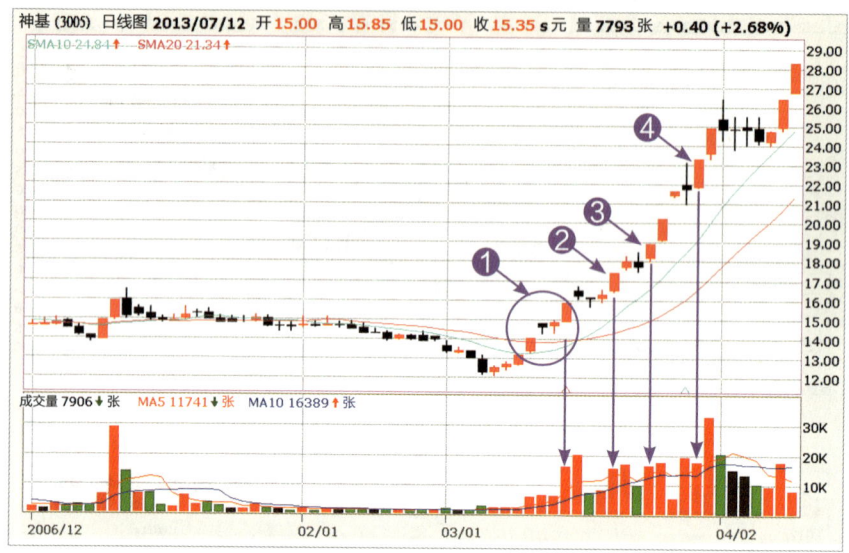

❶ 底部盘整跌破后反弹，出现爆大量长红K线的"一星二阳"组合，后面还有高点，波浪形态为"假跌破真上涨"形态。

❷ 上涨行进再出现"一星二阳"组合，后面还有高点。

❸ 上涨行进再出现"一星二阳"组合，后面还有高点。

❹ 上涨行进再出现"一星二阳"组合，后面还有高点。连续出现"一星二阳"组合，走势呈现强势上涨。

第1章 ▶▶▶ 上涨中的K线组合

组合2：上升三法

定义

1根上涨的中长红K线，次日出现回跌1到数日的小红、小黑或变盘线，但收盘价始终没有跌破中长红K线最低点，再出现往上的中长红K线，吞噬回跌的小红、小黑或变盘线。"上升三法"在上涨趋势中时常见到，表示后续还有高点，为上涨的中继组合。

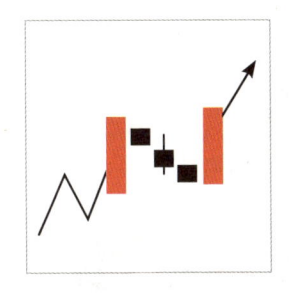

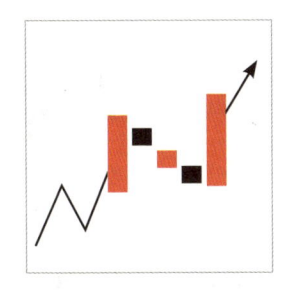

解说

在走势上涨出现中长红K线，次日回跌，大多是主力洗盘清筹码，下跌的力道都不强，而且没跌破中长红K线最低点，再1根中长红K线上涨，回跌的压力全部化解，次日只要开高往上，将继续多头。

精通

1. 空头下跌到低点，出现"上升三法"的组合，之后不再跌破第二根中长红K线最低点，可视为止跌回升的信号。

2. 多头上涨1根中长红K线之后，回跌的小红、小黑或变盘线，如果都维持在中长红K线的 $\frac{1}{2}$ 之上，是强势整理的形态，在多头走势中随时都可能发动上涨，要把握上攻的机会进场。

3. 出现"上升三法"的组合后，其后的中长红K线的最低点不能被跌破，否则会破坏"上升三法"的架构。

资料来源：富邦e01电子交易系统

❶ 空头到低档出现"晨星"转折后反弹。

❷ 反弹回跌后再长红上涨，出现"上升三法"组合，后面还有高点。

❸ 上涨行进出现"一星二阳"组合，后面还有高点。

❹ 上涨行进再出现"上升三法"组合，后面还有高点，呈现强势上涨。

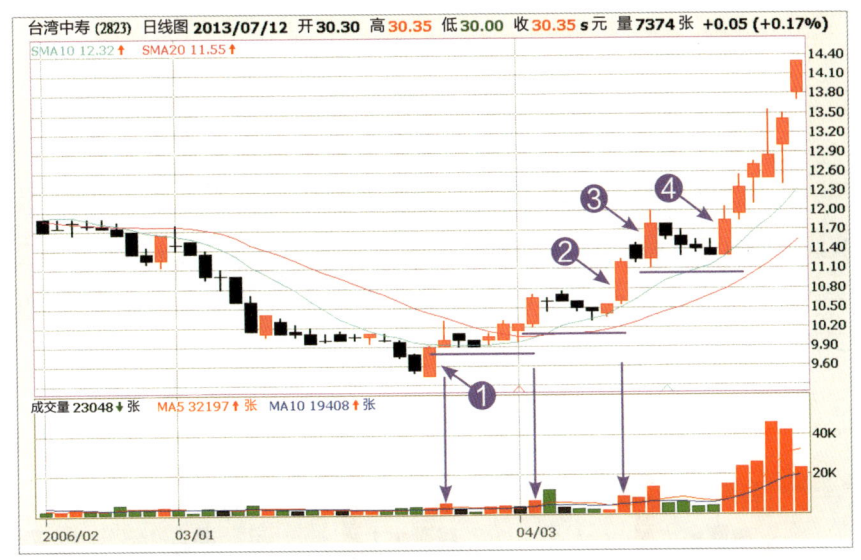

第1章 ▶▶▶ 上涨中的K线组合

资料来源：富邦e01电子交易系统

❶ 空头到低档出现长红吞噬后反弹。

❷ 多头确认后再上涨出现"上升三法"组合，后面还有高点。

❸ 上涨行进出现"一星二阳"组合，后面还有高点。

❹ 上涨行进再出现"上升三法"组合，后面还有高点，呈现强势上涨。

组合3：三线反红

定义

上涨行进中连续三根小红黑K线下跌回档或横盘，然后出现一根长红K线，把前面三根小红黑K线均包含在长红K线之内，这根长红K线呈现吞噬的组合，称为"三线反红"，为回档后的续攻信号。在下跌行进中出现"三线反红"的组合，为跌多的空单回补或多方反攻的信号。

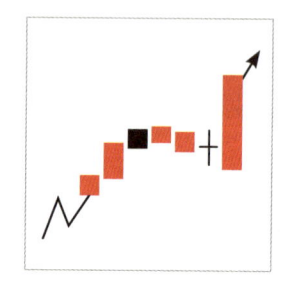

解说

在下跌或横盘连续出现小红K线或小黑K线，表示空方下跌力道弱，多方1根上涨攻击长红K线就吞噬全部下跌或横盘的小红K线或小黑K线，为多方强力上涨或反弹的信号。

精通

1."三线反红"组合必须符合2个条件才成立：(1)长红K线收盘突破前面3根小红K线或小黑K线的最高点；(2)上涨长红K线的成交量大于前面3根小红K线或小黑K线的最高量。

2."三线反红"组合是多方强力表态，在多头趋势，短线拉回没有跌破长红K线的最低点，要找买点进场。在空头走势，可以抢短线反弹。

第1章 ▶▶▶ 上涨中的K线组合

资料来源：富邦e01电子交易系统

❶ 多头回档出现4根小跌或横盘小红、小黑K线，1根长红K线吞噬前面4根K线，同时成交量也大于前面4根K线的最大成交量，"三线反红"组合确认，后续多头继续上涨。

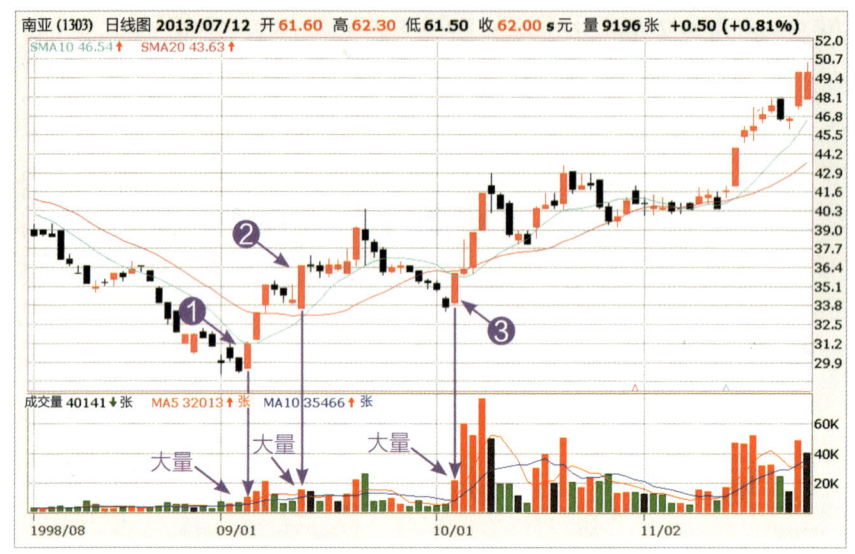

❶ 空头下跌到低档，出现1根长红K线吞噬前面3根黑K线，同时成交量也大于前面3根K线的最大成交量，"三线反红"组合确认，后续强力反弹。

❷ 多头回档3天，没有跌破上涨红K线的最低点，再1根放量长红K线突破高点，呈现"上升三法"的组合，后续还有高点。

❸ 多头回档出现连续小跌黑K线，1根大量长红K线吞噬前面3根K线，同时成交量也大于前面3根K线的成交量，"三线反红"组合确认，后续多头继续上涨。

第1章 ▶▶▶▶ 上涨中的K线组合

组合4：内困三红

定义

在下跌或回档行进中，长黑K线之后出现"母子怀抱"红K线，再出现突破前面长黑K线最高点的长红K线，称为"内困三红"组合。"母子怀抱"是变盘信号，"内困三红"则是变盘反转确认的信号，多头进场做多，空头可抢短线反弹。

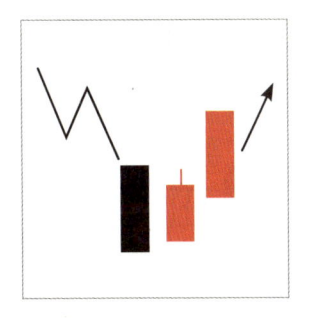

解说

在下跌低档出现长黑K线，次日出现1根红K线，被长黑K线包起成"母子怀抱"表示空方下跌力道被多方开高走高红K线夺回，当多方再1根上涨长红K线突破长黑K线的最高点时，就完成"内困三红"组合，为多方强力上涨或反弹的信号。

精通

1.下跌低档长黑K线如果出现大量或爆量，次日形成"母子怀抱"，后续形成"内困三红"组合的概率很高。

2."内困三红"的长红K线突破长黑K线的最高点，同时放大量，后续容易急涨或急弹，要把握机会立刻进场做多。

|241

资料来源：富邦e01电子交易系统

❶ 空头下跌到低档，出现1根长黑K线，同时爆大量。

❷ 次日1根长红K线开高走高，形成"母子怀抱"的转折向上组合信号。

❸ 再出现1根长红K线突破长黑K线的最高点，"内困三红"组合确认，后续强力反弹成多头。

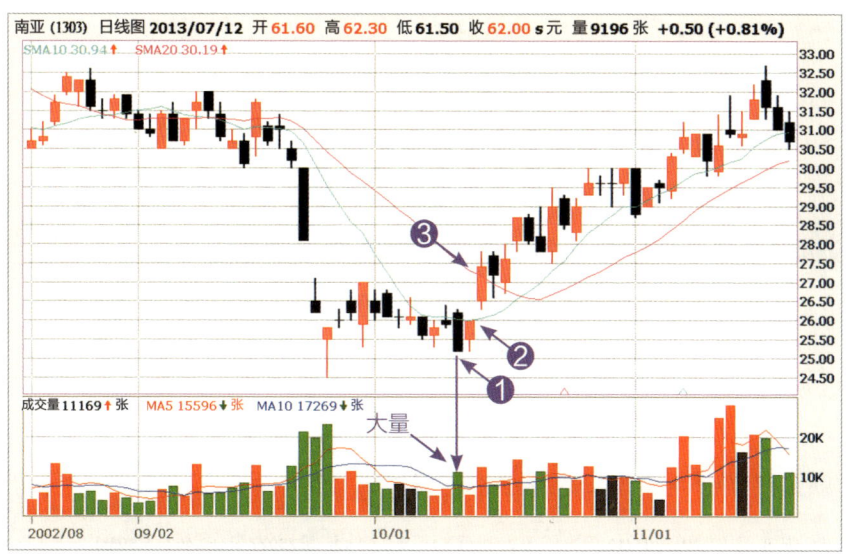

第1章 ▶▶▶ 上涨中的K线组合

资料来源：富邦e01电子交易系统

❶ 空头下跌到低档盘整打底，出现1根大量长黑K线。

❷ 次日1根红K线开高走高，形成"母子怀抱"的转折向上组合信号。

❸ 再出现1根跳空大量长红K线突破长黑K线的最高点，"内困三红"组合确认，后续强力反弹。

243

组合5：上涨红黑红

定义

上涨行进中出现红K线、黑K线、红K线，连续呈阶梯式的上涨，称为"上涨红黑红"组合，是继续上涨的中继走势，为多方强势的信号，宜找买点进场。

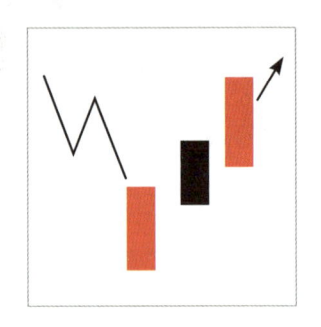

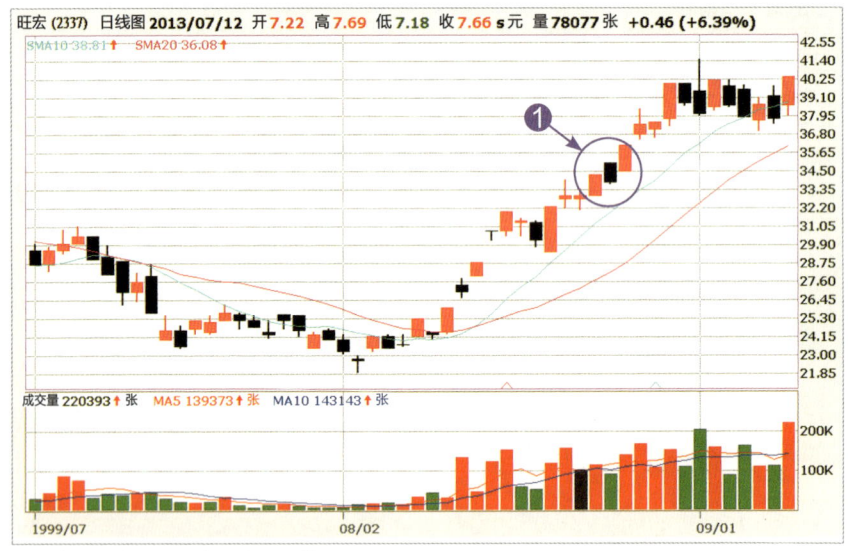

资料来源：富邦e01电子交易系统

❶ 多头上涨行进中，出现"上涨红黑红"组合，多头继续上涨。

244

第1章 ▶▶▶ 上涨中的K线组合

精通

上涨行进出现红K线、黑K线、红K线，这3根K线呈现头头高、底底高的上涨阶梯走势，多头仍在继续掌控上涨中，不要因为中间的1根黑K线而被误导，认为行情不好。

资料来源：富邦e01电子交易系统

❶ 多头上涨行进中，出现"上涨红黑红"组合，多头继续上涨。

组合6：连三红

定义

3根连续底底高、头头高的向上红K线，没有上影线，即使有也很短。

解说

3根连续向上的红K线，代表多方向上的企图强，是多方力量的聚集，同时在短时间内改变空方的掌控，多空易位明显。

精通

1. 连续红K线数量越多，代表力量越大，影响时间越长。

2. 连续红K线呈现跳空上涨，威力更大。

3. 连续红K线如果出现在低档的反弹，再下跌，打底的可能性很高。

4. 空头下跌到低档，反弹出现"连三红"组合，是具有上涨潜力的黑马股，要锁股。

5. 底部打底的第二只脚出现"连三红"组合，为强势多头的起动信号。

6. "连三红"组合出现在多头行进间，代表多方气势强，后续看涨，还有高点可期。

7. 多头行进到高点，出现"连三红"组合，要注意：(1) 连续红K线都出现长的上影线，为大敌当前，高点不多，要留意变盘线的信号。(2) 高档连三红，出现爆量或价量背离，要留意股价不涨或下跌的反转

第1章 ▶▶▶ 上涨中的K线组合

变盘信号。

8. 空头行进出现连三红，视为强势反弹，容易反弹到前面的压力位置。

资料来源：富邦e01电子交易系统

❶ 空头下跌到低档，出现"上涨连三红"组合，强势反弹。

247

资料来源：富邦e01电子交易系统

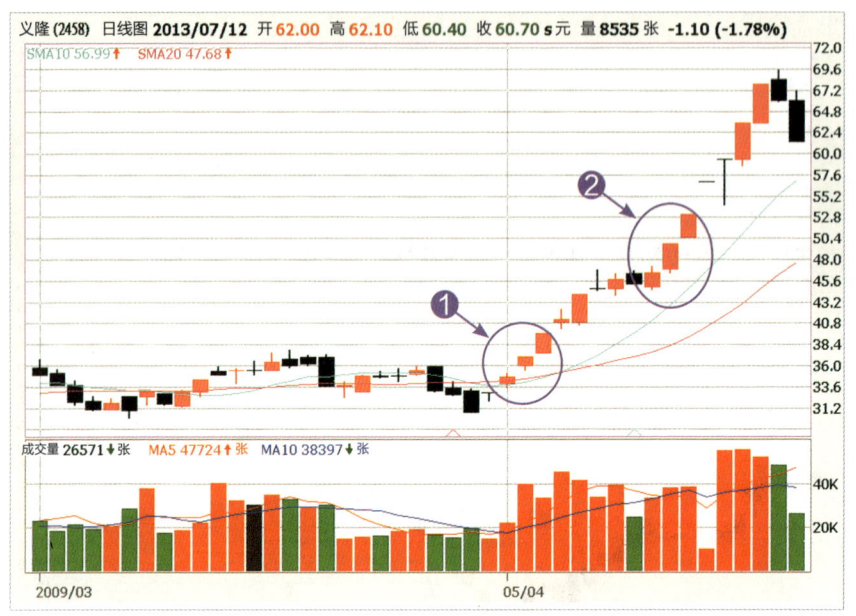

❶ 空头下跌到低档，打底上涨出现"连三红"组合，强势完成多头架构。

❷ 多头行进中再出现"连三红"组合，继续强势多头格局。

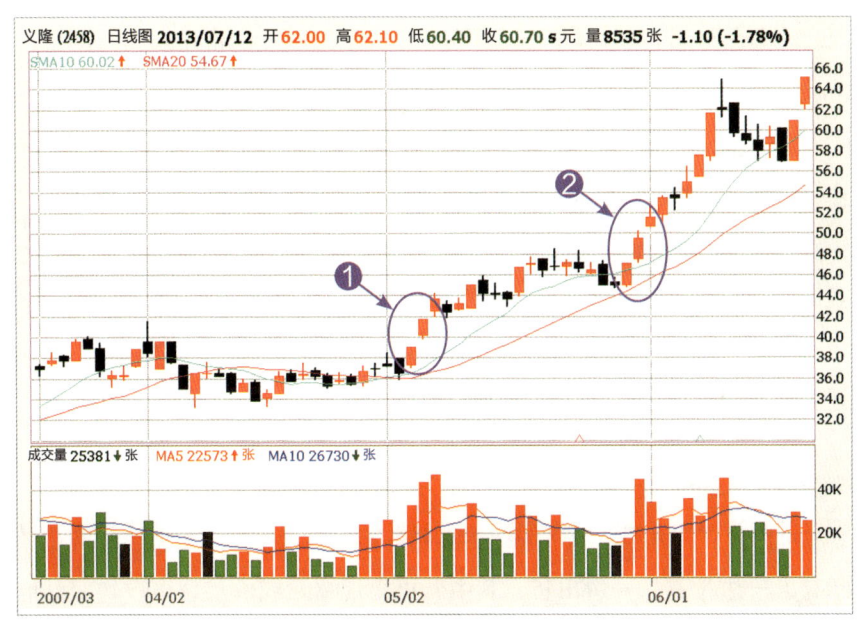

第1章 ▶▶▶ 上涨中的K线组合

资料来源：富邦e01电子交易系统

❶ 打底上涨出现"连三红"组合，强势完成多头架构。

❷ 多头行进中再出现"连三红"组合，继续强势多头格局。

组合7：大敌当前

定义

上涨到高档，连续数日红K线上涨，但都出现明显的上影线，这样的组合称为"大敌当前"。

解说

连续上涨红K线，看起来好像是"连三红"的组合，可是红K线都出现长上影线，虽然上涨，一直遇压拉回，显示有人一边拉高、一边出货，其中若再出现爆量或价量背离，是变盘信号，要特别注意高档反转向下的K线信号。

精通

1. "大敌当前"组合出现在波段高档，通常在末升段，连续红K线的上影线越长，拉高出货越明显，要特别注意后续股价不涨或回跌的K线变盘信号。

2. 末升段的急涨，出现爆大量或价量背离，出现"大敌当前"组合，高点不多，千万不要追高。

3. 高档出现"大敌当前"组合之后，走势再出现"头头低"的波浪形态，趋势转成空头的概率很高。

4. 在底部起涨位置出现的"连三红带上影线"的组合，是主力向上探头测压力的表现，不要误认为出货。

第1章 ▶▶▶ 上涨中的K线组合

资料来源：富邦e01电子交易系统

❶ 上涨高档出现"大敌当前"组合，且出大量，主力一边拉高、一边出货。

❷ "大敌当前"组合之后，股价没有再过前波高点，出现"头头低"，形成空头。

资料来源：富邦e01电子交易系统

❶ 低档底部出现"连三红带上影线"的组合，是主力测试前面高点的压力，不是出货，不要误认为是"大敌当前"组合。

第1章 ▶▶▶ 上涨中的K线组合

组合8：上缺回补

定义

出现向上跳空缺口，次日再出现不过红K线的向下黑K线回补缺口。

解说

上涨高档或空头的反弹走势中，长红K线后出现向上跳空缺口，但第3天开低向下黑K线回补缺口，转折向下信号强烈，再出现黑K线跌破第1根长红K线最低点，多空易位，容易反转直下。

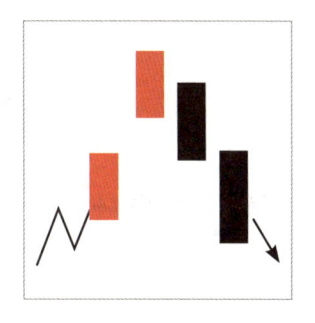

精通

1. 多头趋势高档，向上跳空缺口附近出现爆大量，出现"上缺回补"组合，该缺口成为"竭尽缺口"，趋势反转可能性很大。

2. 多头趋势高档，盘整结束，出现爆大量向上跳空缺口，突破盘整，接着出现"上缺回补"组合，视为假突破、真拉回，反转可能性大。

3. 空头反弹出现"上缺回补"组合，反弹结束，继续下跌。

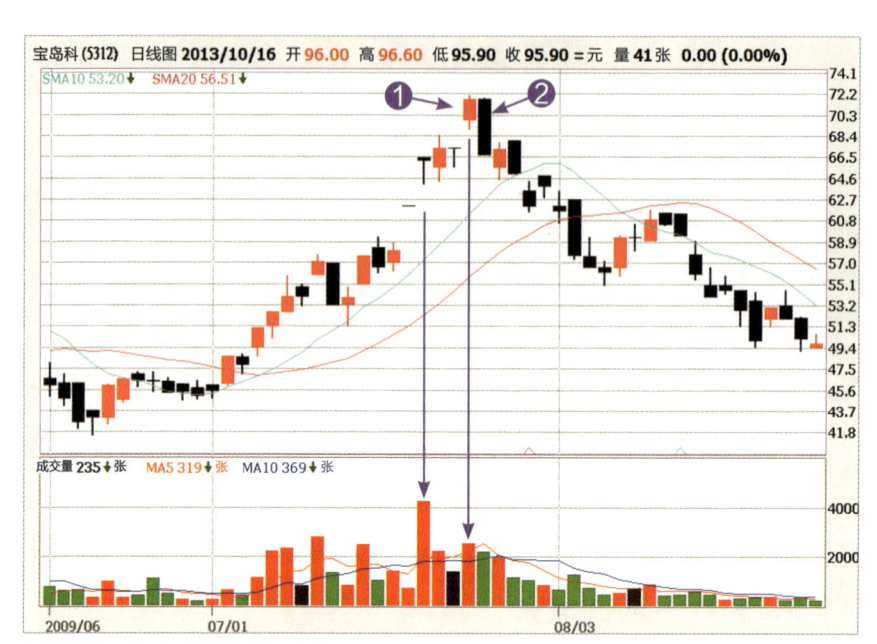

资料来源：富邦e01电子交易系统

❶ 多头高档出现带大量跳空向上。

❷ 次日长黑K线回补缺口，出现"上缺回补"，行情反转。

第1章 ▶▶▶ 上涨中的K线组合

资料来源：富邦e01电子交易系统

❶ 盘整的突破位置，出现带大量跳空向上红K线。

❷ 次2日长黑K线回补缺口，出现"上缺回补"，是假突破。

❸ 长黑K线跌破盘整，是真跌破，行情反转成空头。

资料来源：富邦e01电子交易系统

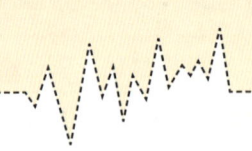

❶ 低档"连三红"起涨，同时连续出现带大量向上跳空的红K线，强势多头形态。

❷ 上涨"一星二阳"中继上涨，后续还有高点。

❸ "三线反红"起涨开始。

❹ 上涨行进"连三红"，后续还有高点。

❺ 上涨红黑红，中继上涨，后续还有高点。

❻ 高档连续大量，出现"上缺回补"，行情反转。

第2章 下跌中的K线组合

下跌中的K线有7种组合，详细研读，就可以正确判断行情的变化。

组合1：一星二阴

定义

1根下跌的中长黑K线，次日1根十字或纺锤变盘线，第3日1根低于第1日中长黑K线最低点的中长黑K线，这样的3根K线下跌构成的组合，称为"一星二阴"。通常中间的"星"，可以是红K线或黑K线，可以有实体，但实体要很小。

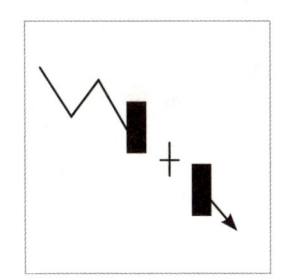

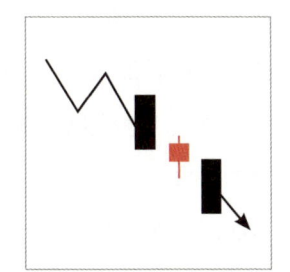

> **解说**

1. 在走势下跌中经常可以看到"一星二阴"的组合，是下跌中继的信号，表示往下趋势没有改变，通常还会有更低价，仍为空方主控向下的格局。

2. 夹在中间的"星"，可以为2根以上，重点是"星"的K线收盘不能突破前一天K线的最高点。后面要有1根向下的中长黑K线，幅度与前面中长黑K线略同或更大。

> **精通**

1. 空头下跌1根中长黑K线，当天跌幅太大，次日很容易出现休息状态，然后再下跌，容易出现"一星二阴"的组合。

2. "一星二阴"组合出现后还有低点，因此空头起跌出现第1根中长黑K线后，次日出现休息的变盘线，可以大胆推测后面容易再下跌1根中长黑K线，形成"一星二阴"组合而做空。这里特别强调，是在空头起跌的位置，如果下跌到低档，当然不能这样推测，因为低档长黑再出现变盘十字线，容易出现"晨星"向上转折。

3. 空头下跌1根中长黑K线之后，连续出现1根以上的小红、小黑或变盘线，如果横盘维持在中长黑K线收盘之下，是弱势整理的形态，随时可能继续下跌，把上面的中长黑K线搬到下面。面对这样弱势整理的形态，一定要把握下跌的机会做空。

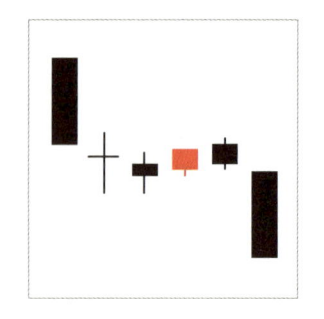

4. 空头下跌1根中长黑K线之后，连续出现1根以上的小红、小黑或变盘线，如果维持小幅下跌，是碎步走跌形态，随时都可能发动大跌，出

第2章 ▶▶▶ 下跌中的K线组合

现中长黑K线的走势。

5. 出现"一星二阴"的组合后，后面的中长黑K线的最高点不能被突破，否则会破坏"一星二阴"的架构。

6. "一星二阴"是往下走势的组合，因此第1根K线可以是红K线，次日出现往下的变盘线，再出现下跌的长黑K线。

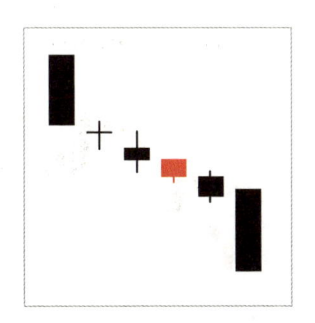

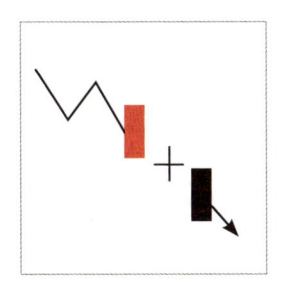

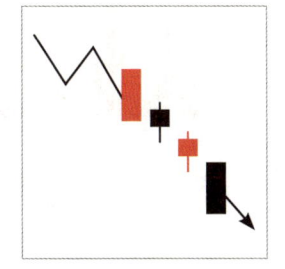

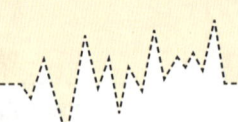

资料来源：富邦e01电子交易系统

❶ 头部完成，大量长黑K线下跌，次日出现十字线，再下跌长黑K线，下跌中出现"一星二阴"的组合，走势还要下跌，不可低接股票。

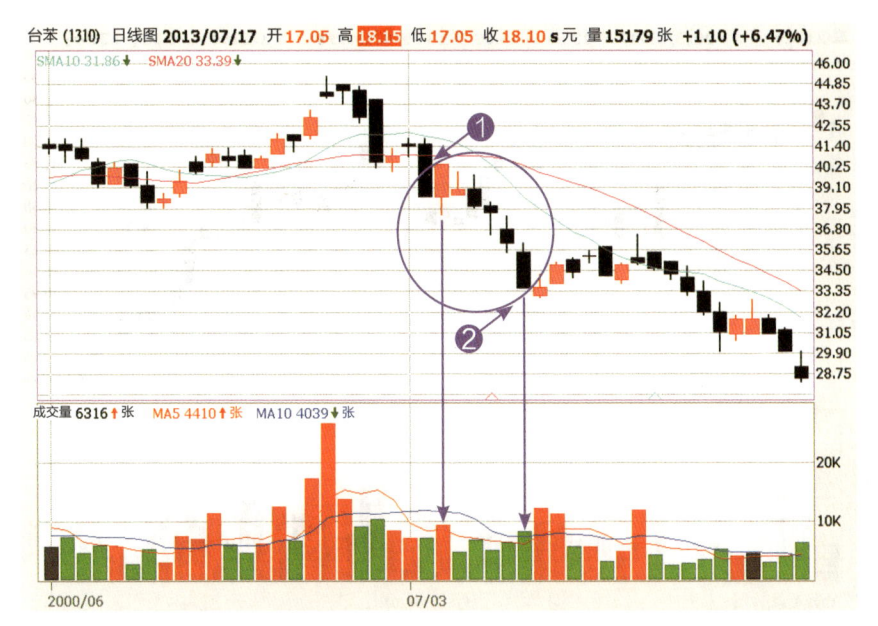

第2章 ▶▶▶ 下跌中的K线组合

资料来源：富邦e01电子交易系统

❶ 下跌出现红K线反弹，是主力诱多，不可做多，后面连续4天碎步走跌，近日要大跌。

❷ 大量长黑K线下跌，下跌中出现"一星二阴"的组合，走势还要下跌，反弹不可做多股票。

资料来源：富邦e01电子交易系统

❶ 空头盘整末端，大量长黑K线下跌，容易跌破盘整。

❷ 连续4天出现小黑变盘线，都在大量长黑K线下面，为弱势整理，随时都会下跌。

❸ 出现大量长黑K线下跌，出现"一星二阴"的组合，走势还要下跌，后面还有低点，可以把握机会做空。

第2章 ▶▶▶▶ 下跌中的K线组合

组合2：下降三法

定义

1根下跌的中长黑K线，次日出现反弹1到数日的小红、小黑或变盘线，但是收盘价始终没有突破中长黑K线最高点，再出现往下的中长黑K线吞噬反弹的小红、小黑或变盘线，这样的组合称为"下降三法"。在下跌趋势中时常见到，表示后续还有低点，为下跌的中继组合。

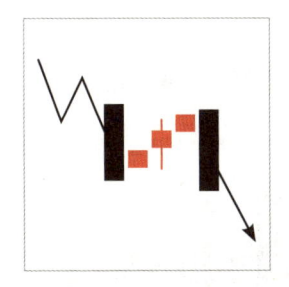

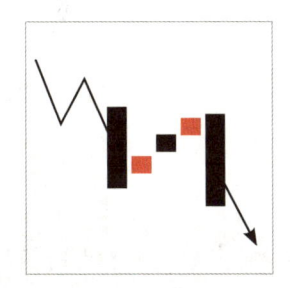

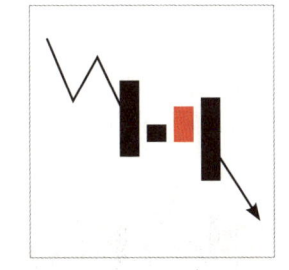

解说

走势下跌出现中长黑K线，次日反弹，大多是散户低接，反弹的力道都不强，而且都没有突破中长黑K线最高点，之后出现1根中长黑K线下跌，反弹力道全部消失，次二日只要开低往下，将继续空头。

精通

1. 多头上涨到高点，出现"下降三法"的组合，后面不再突破中长黑K线最高点，可视为止涨反转的信号。

2. 空头下跌1根中长黑K线之后，出现反弹的小红、小黑或变盘线，如果都维持在中长黑K线的½之下，是弱势整理的形态，在空头走势中随时都可能继续大跌，要把握下跌的机会做空。

263

3. 出现"下降三法"组合后，后面的中长黑K线的最高点不能被突破，否则会破坏"下降三法"的架构。

资料来源：富邦e01电子交易系统

❶ 空头行进，长黑K线下跌。

❷ 连续3天小变盘线反弹，收盘都没有突破长黑K线最高点。

❸ 再1根大量长黑K线下跌，出现"下降三法"的组合，走势还要下跌，后面还有低点，可以把握机会做空。

❹ 再1根大量长黑K线下跌，出现"一星二阴"的组合，走势还要下跌，后面还有低点。

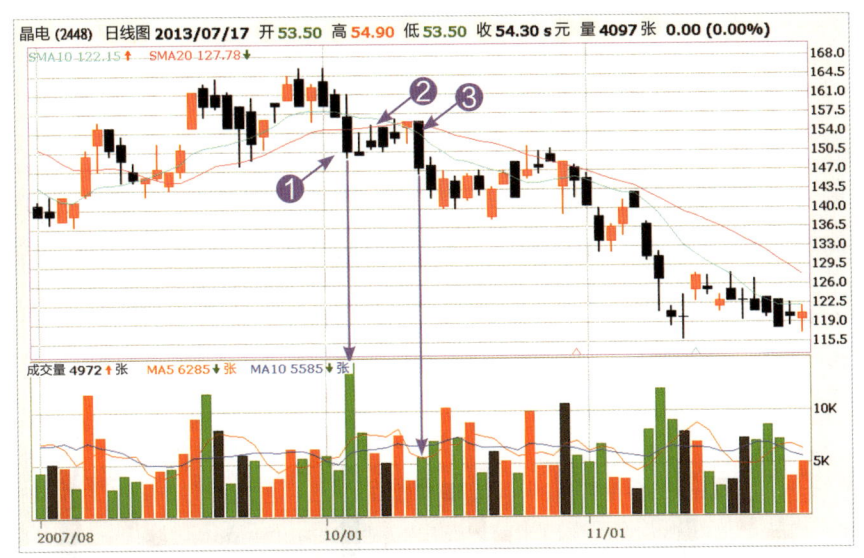

第2章 ▶▶▶ 下跌中的K线组合

资料来源：富邦e01电子交易系统

❶ 高档出现大量长黑K线下跌。

❷ 连续5天小变盘线反弹，收盘都没有突破长黑K线最高点。

❸ 再1根大量长黑K线下跌，出现"下降三法"的组合，同时完成空头架构，走势还要下跌，后面还有低点，可以把握机会做空。

265

组合3：三线反黑

定义

上涨行进中连续3根小红K线，然后出现1根长黑K线，把前面3根小红K线均包含在长黑K线之内，这根长黑K线呈现吞噬的组合，称为"三线反黑"，为涨多的获利卖压，或拉高出货。在下跌反弹中出现"三线反黑"组合，为反弹结束的信号，可以顺势做空。

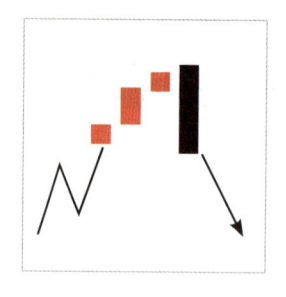

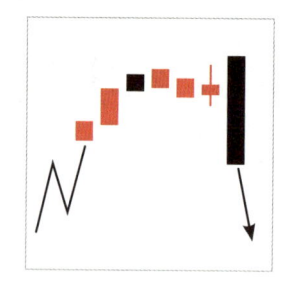

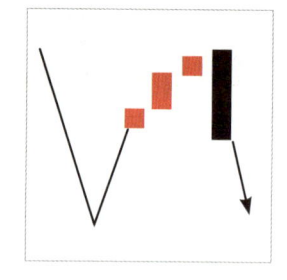

解说

在上涨或横盘连续出现小红K线或小黑K线，表示多方上涨力道减弱，空方1根下跌长黑K线就吞噬全部上涨或横盘的小红K线或小黑K线，为空方强力下跌或反转的信号。

精通

1. "三线反黑"组合必须符合2个条件才成立：(1) 长黑K线收盘要跌破前面3根小红K线或小黑K线的最低点；(2) 下跌长黑K线的成交量要大于前面3根小红K线或小黑K线的最高量，反转或下跌的威力比较大。如果没有大量，在多头时下跌力道弱，在空头反弹结束则继续下跌。

2. "三线反黑"组合是空方强力表态，在多头趋势中，短线反弹没有

第2章 ▶▶▶ 下跌中的K线组合

突破长黑K线的最高点，很容易形成头部，可以抢短线做空。

资料来源：富邦e01电子交易系统

❶ 多头高档上涨，出现大量长黑K线，跌破3根K线的最低点，出现"三线反黑"组合，是空方强力表态，同时出现"头头低，底底低"，多头架构遭破坏，反转为空头。

资料来源：富邦e01电子交易系统

❶ 多头上涨到高档，出现大量长黑K线跌破3根K线的最低点，出现"三线反黑"组合，是空方强力表态。

❷ 再次黑K下跌，出现"头头低"，多头架构改变。

❸ 高档"连三黑"，跌破前面的最低点，反转为空头。

❹ 下跌中连续出现"一星二阴"组合，行情继续下跌。

第2章 ▶▶▶ 下跌中的K线组合

组合4：内困三黑

定义

在上涨或反弹行进中，长红K线之后出现"母子怀抱"黑K线，再出现跌破前面长红K线最低点的长黑K线，称为"内困三黑"组合。"母子怀抱"是变盘信号，"内困三黑"是变盘反转确认的信号，空头进场做空，多头可抢短线回跌。

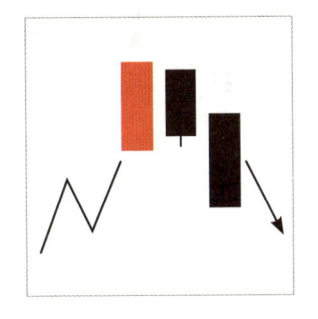

解说

在上涨高档出现长红K线，次日出现1根黑K线，被长红K线包起成"母子怀抱"，表示多方力道被空方开低走低黑K线夺回，空方再1根下跌长黑K线，跌破长红K线的最低点，就完成"内困三黑"组合，成为空方强力下跌或回档的信号。

精通

1. 上涨高档长红K线如果出现大量或爆量，次日形成"母子怀抱"，后续形成"内困三黑"组合的概率很高。

2. "内困三黑"的长黑K线跌破长红K线的最低点，同时放大量，后续容易急跌，要把握机会立刻进场做空。

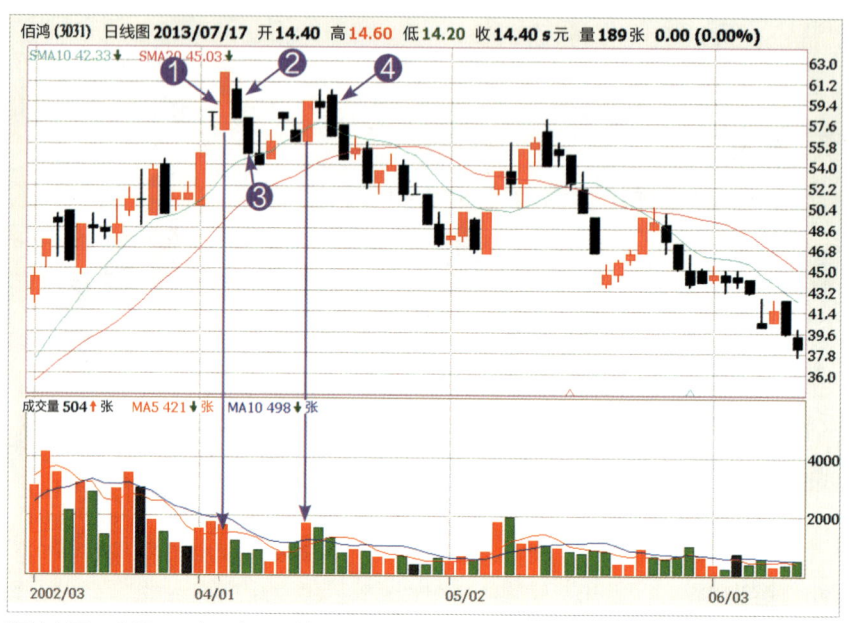

资料来源：富邦e01电子交易系统

❶ 多头上涨到高档，出现大量长红K线。

❷ 次日黑K下跌，出现"母子怀抱"组合的变盘信号。

❸ 长黑K线跌破前面大量长红K线的最低点，出现"内困三黑"组合。

❹ 上涨不过前高，出现"夜星"转折向下组合，行情反转下跌。

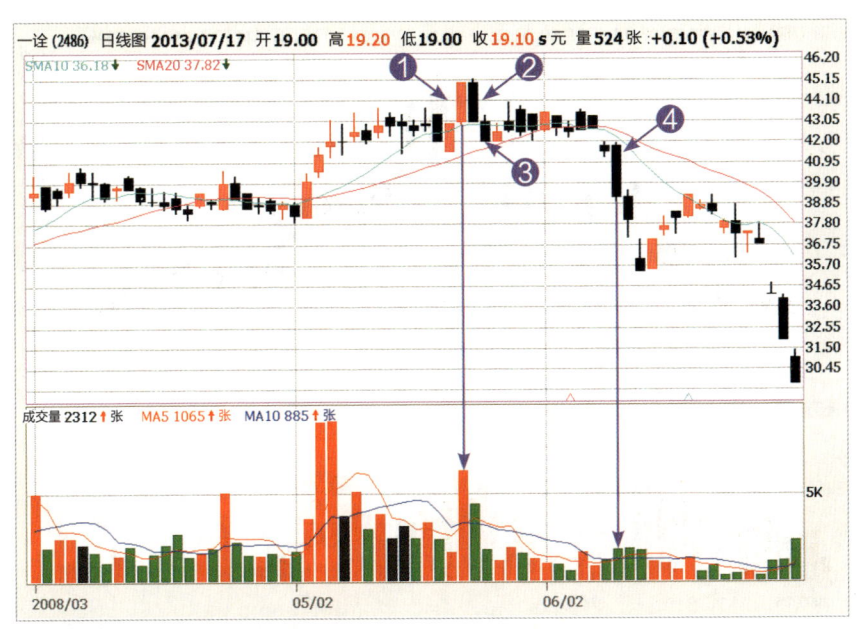

第2章 ▶▶▶ 下跌中的K线组合

资料来源：富邦e01电子交易系统

❶ 多头上涨到高档，出现大量长红K线。

❷ 次日黑K下跌，出现"母子怀抱"组合的变盘信号。

❸ 长黑K线跌破前面大量长红K线的低点，出现"内困三黑"组合。

❹ 长黑K线跌破前面最低点，空头架构完成。

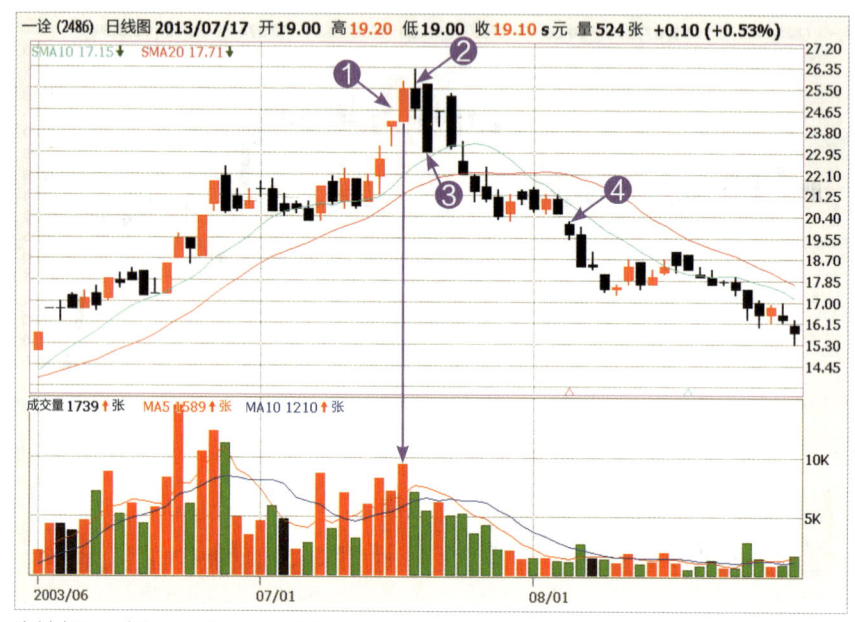

❶ 多头上涨到高档，出现大量长红K线。

❷ 次日黑K下跌，出现"母子怀抱"组合的变盘信号。

❸ 长黑K线跌破前面大量长红K线的最低点，出现"内困三黑"组合。

❹ 向下跳空黑K线，头肩顶形态被跌破，空头架构完成。

组合5：下跌黑红黑

定义

下跌行进中出现黑K线、红K线、黑K线，连续呈阶梯式的下跌，称为"下跌黑红黑"组合，是继续下跌的中继走势，为空方强势的信号，宜找空点进场。

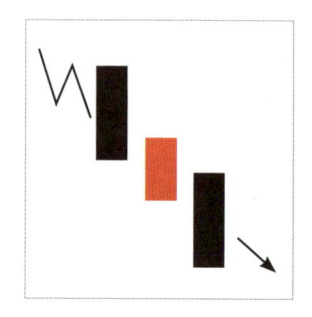

第2章 ▶▶▶ 下跌中的K线组合

> **解说**

下跌行进中出现黑K线、红K线、黑K线，只看这3根K线，是头头低、底底低的下跌阶梯走势，可见空头仍然在继续掌控下跌中，不要因为中间的1根红K线而被误导，小心是诱多。

资料来源：富邦e01电子交易系统

❶ 下跌行进中，出现"下跌黑红黑"组合，是继续下跌的中继走势，红K线不可做多，后续还有低点。

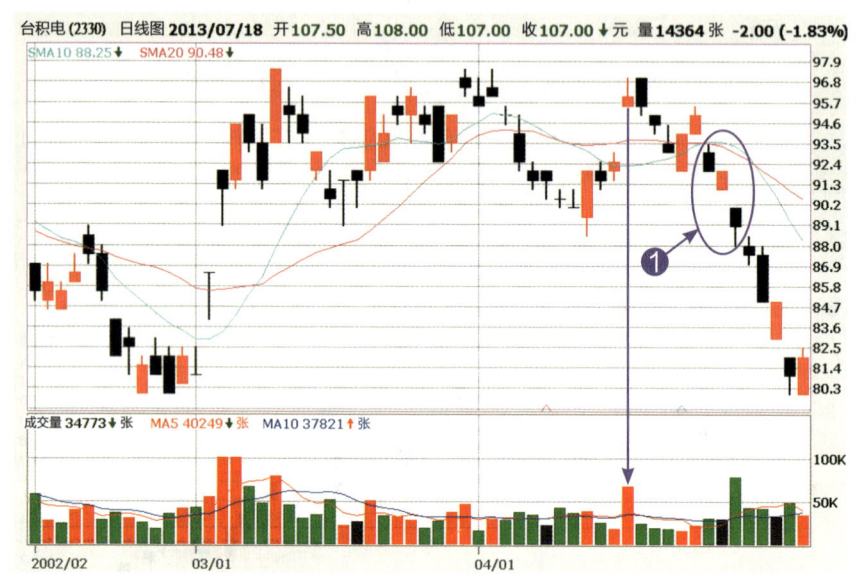

资料来源：富邦e01电子交易系统

❶ 空头下跌行进中，出现"下跌黑红黑"组合，是继续下跌的中继走势，红K线不可做多，后续还有低点。

第2章 ▶▶▶ 下跌中的K线组合

组合6：连三黑

定义

3根连续头头低、底底低的向下黑K线，没有上下影线，即使有，也很短。

解说

3根连续的向下黑K线，代表空方向下的企图强，是空方力量的聚集，在短时间内会改变多方的掌控，多空易位明显。

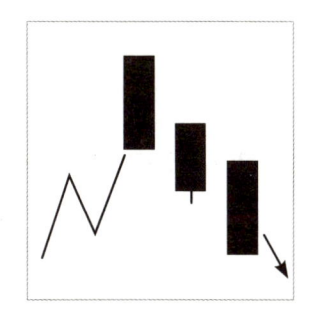

精通

1. 连续黑K线数量越多，代表下跌力量越大，影响时间越长。

2. 连续黑K线呈现跳空下跌，威力更大。

3. 连续黑K线如果出现在高档的回档，如再上涨，做头的可能性很高。

4. 多头上涨到高档，回档出现"连三黑"组合，是具有下跌潜力的黑马股，要锁股做空。

5. 头部做头的第2个头出现"连三黑"组合，为强势空头的起跌信号。

6. "连三黑"组合出现在空头行进间，代表空方气势强，后续看跌，还有低点可期。

7. 空头行进到低点，出现"连三黑"组合，要注意以下信号：(1) 连续黑K线如出现长的下影线，为打桩探底信号，注意低点不多，是出现止跌回升变盘线的信号；(2) 低档"连三黑"，出现爆量或KD指标背离，要

特别注意股价不跌或上涨的反转变盘信号。

8. 多头行进间出现"连三黑",视为强力回档,容易回到前面转折低点的位置。同时要注意,再上涨回升如无法突破"连三黑"的最高点,应视为逃命波,多单要赶快出场。

资料来源:富邦e01电子交易系统

❶ 头部做头的第二个头出现"连三黑"组合,为强势空头的起跌信号。

第2章 ▶▶▶▶ 下跌中的K线组合

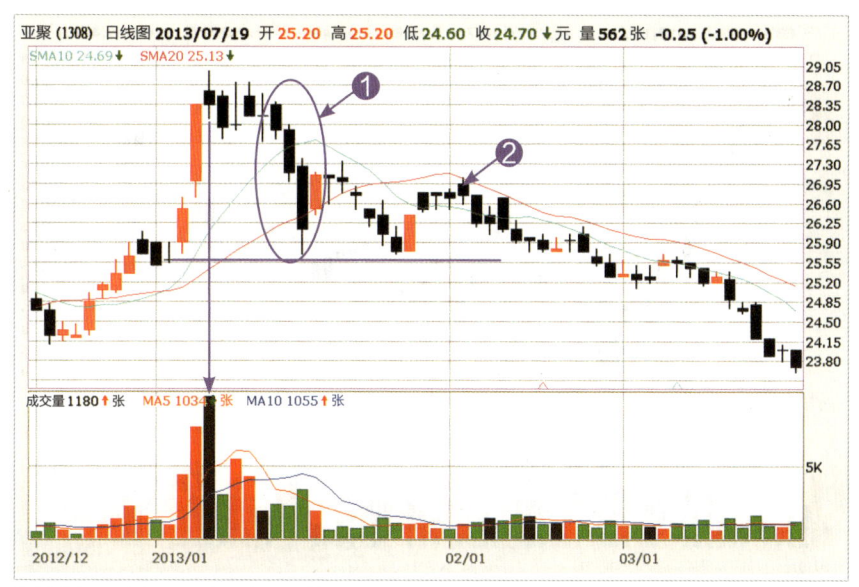

资料来源：富邦e01电子交易系统

❶ 多头回档出现"连三黑"组合，下跌到前面低点。可以锁股，往后下跌为强势的空头。

❷ 回档后再反弹是逃命波，如果多单不立刻出场，后续下跌会被套。

资料来源：富邦e01电子交易系统

❶ 空头低档出现"连三黑"组合，同时出现爆大量。容易止跌反弹，次日开高盘则反弹。

第2章 ▶▶▶ 下跌中的K线组合

组合7：下缺回补

定义

出现向下跳空缺口，次日出现不破黑K线的向上红K线回补缺口。

解说

下跌低档或多头的回档走势中，长黑K线后出现向下跳空缺口，但第3天的开高向上红K线回补缺口，转折向上信号强烈，再出现红K线突破第1根长黑K线最高点，多空易位，容易反转上涨。

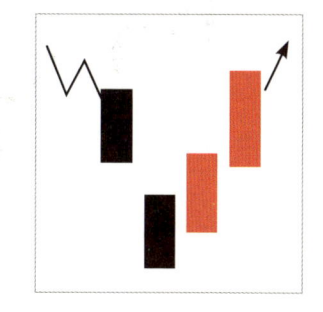

精通

1. 空头趋势低档，向下跳空缺口附近爆大量，出现"下缺回补"组合，该缺口成为"竭尽缺口"，趋势反转可能性大。

2. 空头趋势低档，盘整结束，出现爆大量向下跳空缺口，跌破盘整，接着出现"下缺回补"组合，视为假跌破、真上涨，反转可能性大。

3. 多头回档出现"下缺回补"组合，回档结束，继续上涨，是进场做多位置。

279

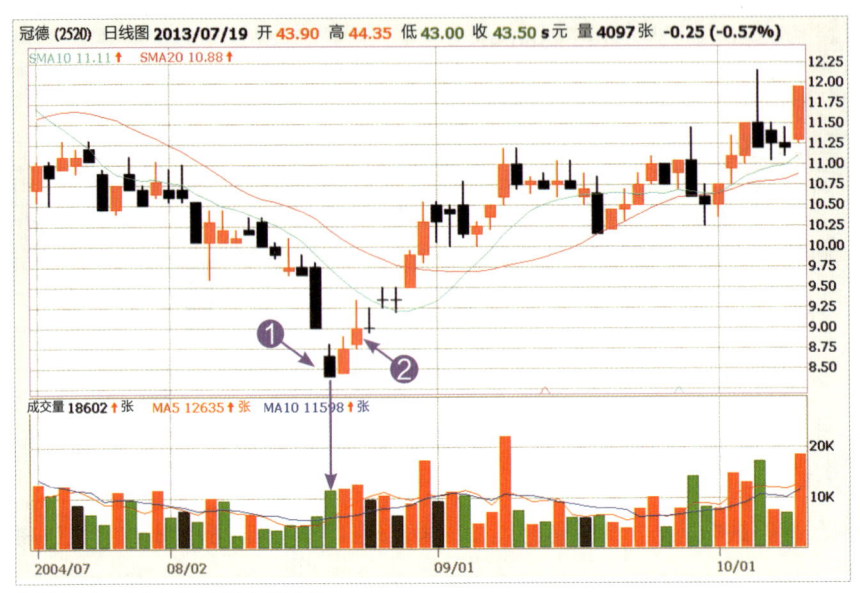

资料来源：富邦e01电子交易系统

❶ 空头低档出现爆大量向下跳空缺口。

❷ 次日开高走高，第3日缺口回补，强势反弹。

第2章 ▶▶▶▶ 下跌中的K线组合

资料来源：富邦e01电子交易系统

❶ 盘整的跌破位置，出现跳空向下十字K线。

❷ 次日长红K线回补缺口，出现"下缺回补"，是假跌破。

❸ 大量长红K线跳空上涨，是真上涨，行情反转成多头。

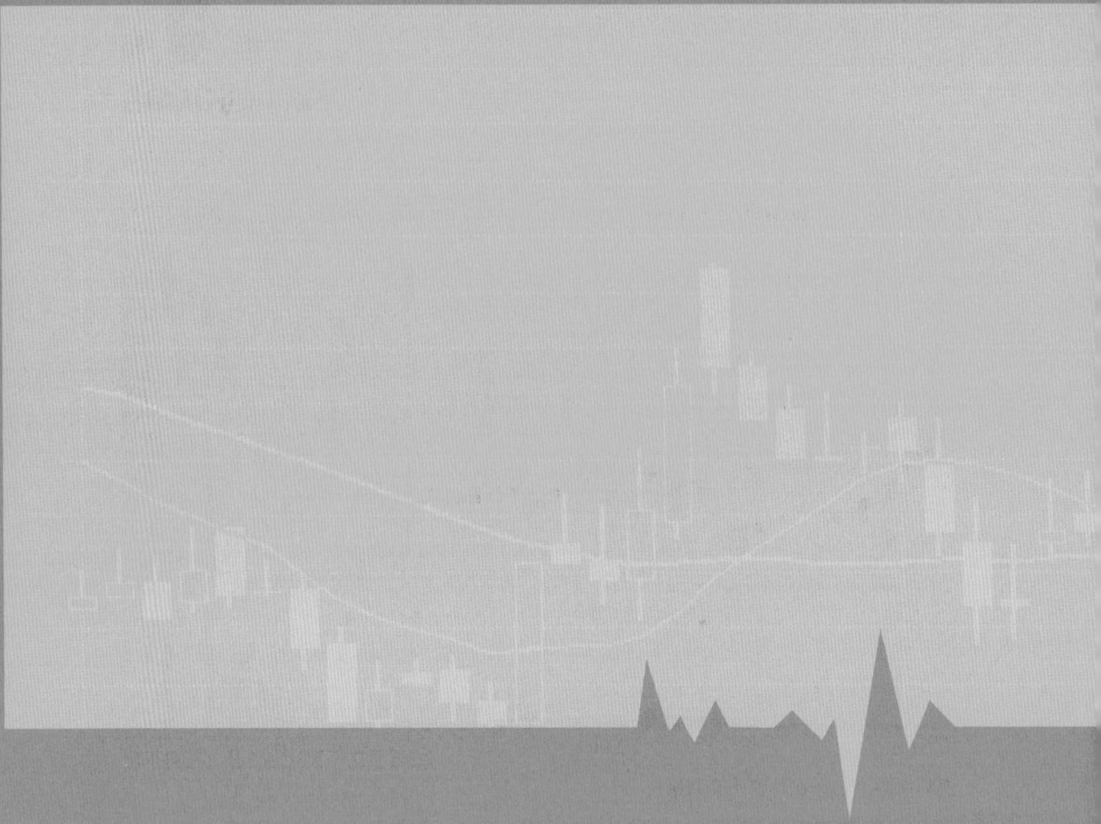

第 6 篇

K线缺口

K线和缺口是一体的，无论行情上涨或下跌，经常会看到向上或向下的缺口，这些缺口都具有重要的意义，深入了解后，可以窥知未来的短期走势。

本篇将探讨缺口的形成，以及缺口之后的走势，为读者提供最精辟的解析。

第1章 为何会出现跳空缺口

一般来说，产生跳空缺口有以下5个原因：

原因1：反映国际盘的大涨或大跌

例如2013年6月20日，美联储（Fed）透露，要逐步让量化宽松（QE）退场，结果第二天开盘出现跳空大跌120点的缺口（见下图）。

资料来源：富邦e01电子交易系统

第1章 ▶▶▶ 为何会出现跳空缺口

原因2：反映重大财经政策

例如2013年6月26日，台湾地区立法机构三读通过"证所税修正案"，取消大盘8500点的课税门槛，以及散户免征的重大财经政策，这项利多，使得次日台股大盘上涨121点，出现向上的跳空缺口（见上页图）。

原因3：个股突发的利多或利空

例如2013年7月19日，财经报纸头条新闻报道，台积电董事长张忠谋在法说会中，发表对2013年下半年展望保守的看法，而且还表态，2014年将会交棒执行长。结果台积电当天开盘就向下跳空，收盘跌停板，出现下杀的缺口（见下图）。

资料来源：富邦e01电子交易系统

原因4：市场主力发动上攻或下杀

由多方或空方主导的走势，造成跳空。多头或空头确立之后的跳空缺口，往往是加速方向的讯息，在技术分析中很重要的是，要认识主力发动的缺口。

资料来源：富邦e01电子交易系统

❶ 主力下杀的跳空缺口。

❷ 主力向上做多的跳空缺口。

原因5：个股除权息

公司发放股息、股利当天造成的缺口是可预知的，不会影响技术分析，因此不列入讨论范围。

第6篇

第1章 ▶▶▶ 为何会出现跳空缺口

🗣 多头上涨的跳空缺口

多头由底部打底开始，一路往上到趋势结束，行进中不同位置出现的向上跳空缺口，意义都不相同，借着以下走势图分别说明多头上涨的缺口。

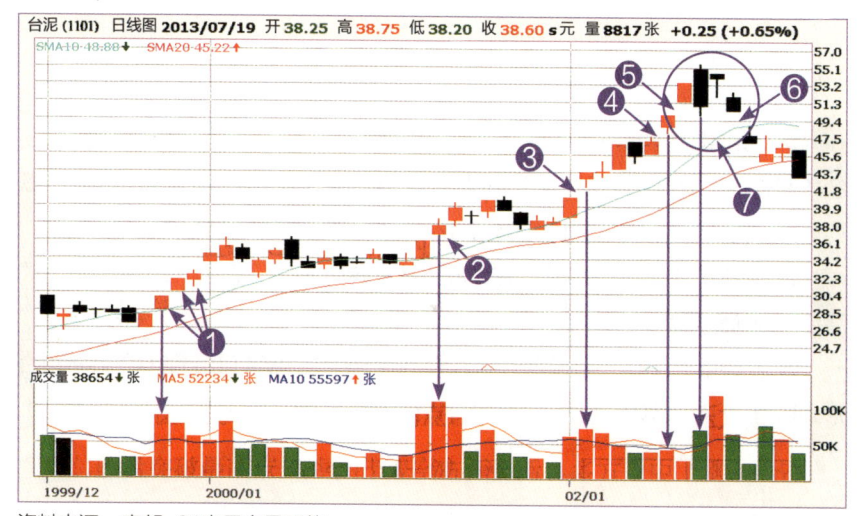

资料来源：富邦e01电子交易系统

❶ 底部向上"突破缺口"：股价在低档打底时，以强力往上跳空的方式直接突破前面高点，完成多头架构，这种"突破缺口"意义重大，是主力宣示启动强势多头。在底部连续5天上涨，出现3个向上缺口，也是上涨"连三红"的攻击形态，可以推测这是强势多头股票，此处属于强力买进的信号。

❷ 盘整向上"突破缺口"：多头起涨一段后盘整，股价以强力往上跳空的方式直接突破13天的K线盘整区，同时出现攻击量，主力表态继续上攻，要立刻买进做多。

❸ 中继"逃逸缺口"（测量缺口）：股价经过一段上升之后，在中途发生的

287

跳空缺口称为"逃逸缺口"或"测量缺口"。此处发生的向上缺口代表行情尚未结束，可概略预测未来还会上涨约一倍距离，因此又称为测量缺口。此处为多头回档后再上涨的第2天，主力再用放量缺口上攻，可见主力强力做多的企图，股价还有一段涨幅。

❹ 上涨到高档，主力利用强力往上跳空的方式，让股价继续上攻。

❺ 多头高档"竭尽缺口"：股价经过大涨到达波段高点时出现跳空缺口，此时资金后续动能渐渐耗尽，是上涨行情将结束的信号，此缺口称为"向上竭尽缺口"，特征是：

- 股价位于高档的往上跳空缺口。
- 出现大量。
- 后续股价不涨或下跌，而且3天内向下回补缺口。上图该位置出现股价连续急涨，3天2缺口，由于位置上涨到高档，要特别注意爆大量、股价不涨或下跌的信号。次日出现大量长黑K线吞噬，这是转折下跌的信号，做多要出场。

❻ 头部向下"突破缺口"：股价在高档反转向下时，以强力往下跳空的方式直接跌破前面低点，这种向下"突破缺口"意义重大，是主力强力下杀的表态。

❼ 左边是上涨的"竭尽缺口"，右边是向下的"突破缺口"，这样的转折组合形态称为"岛状反转"，反转力道很强。

空头下跌的跳空缺口

空头由头部开始，一路往下到趋势结束，行进中不同位置出现的向下跳空缺口，意义都不相同。借着以下走势图分别说明空头下跌的缺口。

第1章 ▶▶▶ 为何会出现跳空缺口

资料来源：富邦e01电子交易系统

❶ 头部向下"突破缺口"：股价在高档反转向下时，以强力往下跳空的方式直接跌破前面低点，这种向下"突破缺口"意义重大，是主力强力下杀的表态。

❷ 左边是上涨的"竭尽缺口"，右边是向下的"突破缺口"，这样的转折组合形态称为"岛状反转"，反转力道很强。

❸ 空头向下"突破缺口"，为强势空头。

❹ 中继"逃逸缺口"（测量缺口）：股价经过一段下跌之后，在中途发生的"跳空缺口"称为"逃逸缺口"或"测量缺口"。此处发生的向下缺口代表行情尚未结束，可概略预测未来还会下跌约一倍距离，因此又称为"测量缺口"。此处为空头继续下跌，主力再用下跌缺口下杀，可见主力强力做空的企图，股价还有一段跌幅。

❺ 下跌到低档，主力利用强力往下跳空的方式，让股价继续下跌。

❻ 空头低档"竭尽缺口"：股价经过大跌到达波段低点时出现跳空缺口，此时出现底部爆大量和买盘动能，是下跌行情将结束的信号，所以此缺口称为"向下竭尽缺口"，其特征是：

289

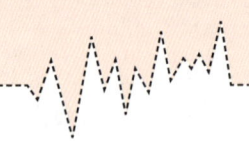

- 股价在低档的往下跳空缺口。
- 出现大量。
- 后续股价不跌或上涨，而且3天内向上回补缺口。上图该位置出现股价连续急跌，3天2缺口，由于位置下跌到低档，要特别注意爆大量股价不跌或上涨的信号。次日出现止跌十字变盘线，这是转折反弹的信号，做空要回补。

股票多空走势中的缺口

资料来源：富邦e01电子交易系统

❶ 向下突破缺口

❷ 向下突破缺口

❸ 向下逃逸缺口

❹ 向上突破缺口

❺ 向上逃逸缺口

❻ 向上竭尽缺口

第1章 ▶▶▶ 为何会出现跳空缺口

🗣 跳空缺口的观察重点

想要了解跳空缺口，要注意以下几个重点。

重点1：普通缺口

又称为"区域缺口"，经常出现在盘整区域，多因消息面影响或短期买卖不平衡而出现，很容易在一两天就封闭，无法产生突破或助涨力道，对技术分析意义不大。

重点2：突破缺口

- "向上突破"需要明显的大量配合，而且成交量要持续增加，配合大量的向上跳空，通常不会回补。
- 如果缺口在3天内跌回起涨点，是"假突破"。
- 突破开口越大，涨势力道越强。
- "向下突破"不一定要有大成交量，无论有量或没量都会下跌，此时要当机立断，立刻退出股市或反手放空。

重点3：逃逸缺口

- 逃逸缺口的成交量不必然特别大，出现的次数比"普通缺口"和"突破缺口"少得多。
- 在上升趋势中出现"逃逸缺口"，这是市场强势的表态，如果收盘价跌破缺口的下缘，代表上升趋势转弱；在下跌趋势中，如出现往下的"逃逸缺口"，代表市场弱势。

重点4：竭尽缺口

"竭尽缺口"代表狂升或狂跌的后段，此时投资人一窝蜂追高抢买，或极度悲观杀出持股，造成的跳空情形，表示多或空的力道都剩下最后一口气，此时静待行情转折，是另一波段的好机会。

重点5：岛状反转

股价跳空向上后，股价表现出高档无力现象，接着立即以向下跳空的方式下跌，图形看上去左右有缺口，中间高出的股价形成海上岛屿状，故名"岛状反转"。

一般而言，"岛状反转"不常出现，一旦出现，在高档会是大跌走势的前兆，也是"必杀做空"的好机会。

如果出现在底部的反转，股价跳空向下后，接着在右边出现向上跳空的缺口，图形看上去左右都有缺口，是大涨的信号，应把握做多的好机会。"岛状反转"的结构可能只有一根K线就反转，可能两三天后反转，也可能较多天的盘整后反转，盘整日期越多，日后的行情越大。

第1章 ▶▶▶ 为何会出现跳空缺口

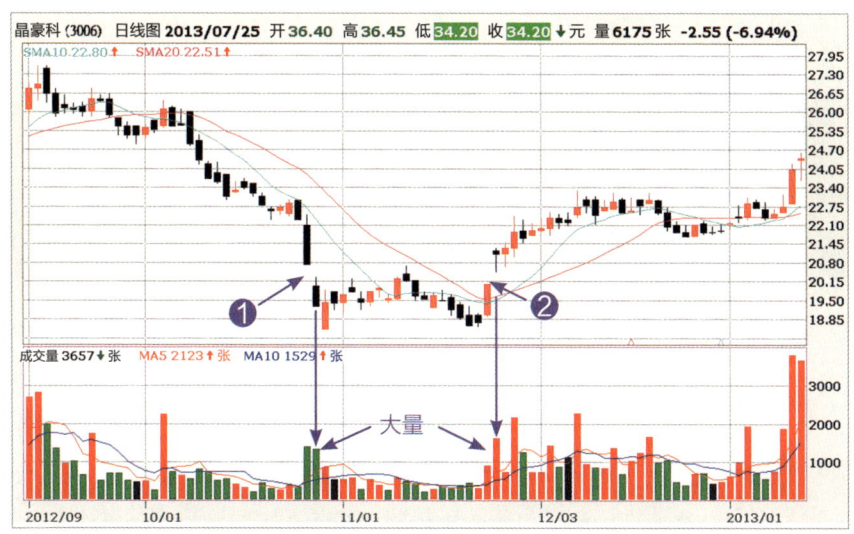

资料来源：富邦e01电子交易系统

❶ 左边下跌的跳空缺口，同时连续2日爆大量。

❷ 底部经过19天打底成底底高，右边出现爆大量上涨的跳空缺口，底部形成"岛状反转"的多头结构，收盘21.1元，底部盘整日期越久，日后的行情越大。该股票之后的多头趋势上涨到48元才结束。

第2章 缺口的支撑与压力

缺口是强力向上或向下的表现，经常在关键位置出现，因此也是重要支撑与压力的位置，同时可以观察多空力道的变化。

向上跳空缺口的支撑

放量的向上跳空缺口是强力上涨的表现，因此日后回跌时是重要支撑。上涨时，出现放量的向上缺口，股价继续上涨是正常走势，当股价回跌时，要观察形成缺口的几个重要支撑位置，研判走势的强弱是否改变。

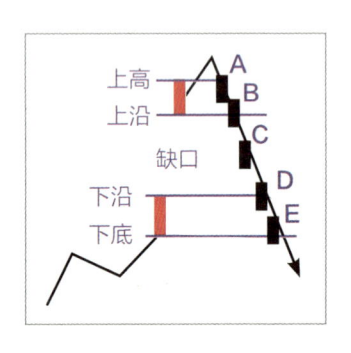

1. "上高价"（缺口上涨后的红K线高点）是最强的支撑位置，收盘如跌破上高价（A），多头气势转弱。

2. "上沿价"（缺口上涨后的红K线低点）是次强的支撑位置，收盘如跌破上沿价（B），股价跌入缺口，在缺口区间（C）容易形成多空拉锯、上下震荡。如果缺口被空方回补，多头向上缺口的强力上涨气势减弱，会

第2章 ▶▶▶ 缺口的支撑与压力

转变成为一般的多头。

3."下沿价"（缺口上涨前的红K线高点）是较弱的支撑位置，收盘如跌破下沿价（D），股价跌破缺口，而且伸入缺口上涨前的红K线的实体，多头上涨的气势完全转弱，要特别注意，"下底价"不能被跌破。

4."下底价"（缺口上涨前的红K线低点）是最弱的支撑位置，收盘如跌破下底价（E），股价跌破上涨前的红K线实体最低点，多空易位，行情转由空方主导。

资料来源：富邦e01电子交易系统

❶ 大量向上跳空缺口后，股价原本要上攻，但当日股价跌破上高价，多头转弱。

❷ 当天股价跌破上沿价，进入缺口，多空拉锯了3天，缺口已经被回补，不再是强势多头。

❸ 当天长黑K线跌破下沿价，多头成为弱势。

❹ 当天大量长黑K线，直接跌破下底价，多空易位，趋势反转成为空头。

295

向下跳空缺口的压力

放量的向下跳空缺口是强力下跌的表现，因此是日后反弹的重要压力位置。下跌时，出现放量的向下缺口，股价继续下跌是正常走势，当股价回升时，要观察形成缺口的几个重要压力位置，研判走势的强弱是否改变。

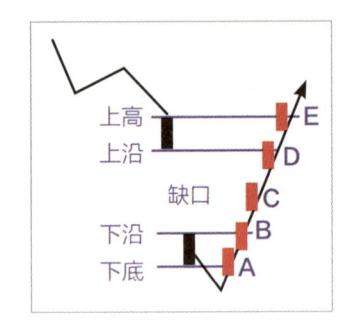

1. "下底价"（缺口下跌后的黑K线低点）是最强的压力位置，收盘如突破下底价（A），空头气势转弱。

2. "下沿价"（缺口下跌后的黑K线高点）是次强的压力位置，收盘如突破下沿价（B），股价进入缺口，在缺口的区间（C）容易多空拉锯、上下震荡。如果缺口被多方回补，空头向下缺口的强力下跌气势会转变成为一般的空头走势。

3. "上沿价"（缺口下跌前的黑K线低点）是较弱的压力位置，收盘如突破上沿价（D），股价突破缺口，而且进入缺口上涨前的黑K线的实体，空头下跌的气势完全转弱，要特别注意，"上高价"不能被突破。

4. "上高价"（缺口下跌前的黑K线高点）是最弱的压力位置，收盘如突破上高价（E），股价突破下跌前的黑K线实体的最高点，空多易位，行情转由多方主导。

第2章 ▶▶▶ 缺口的支撑与压力

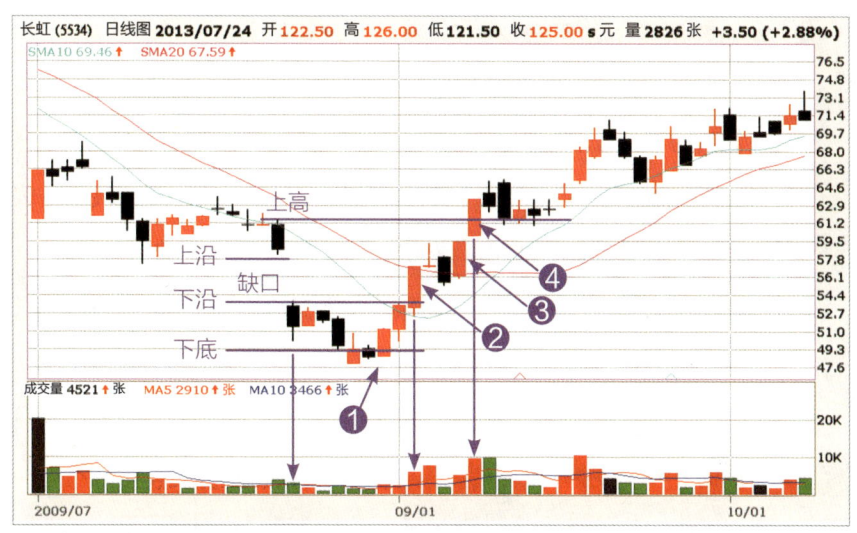

❶ 向下跳空缺口后，股价原本要下跌，但是当日的股价突破下底价，空头转弱。

❷ 当天股价突破下沿价，进入缺口，多空拉锯了3天，缺口已经被回补，不再是强势空头。

❸ 当天长红K线突破上沿价，成为弱势空头。

❹ 当天大量长红K线，直接突破上高价，空多易位，趋势反转成为多头。

缺口的观察指标

观察缺口时，应注意以下几个现象：

1. 缺口向上或向下的力量大于K线，所以缺口是强力向上或向下的表现，经常出现在关键位置，要特别注意之后的走势。

2. 多方出现的缺口如有大量，而且是位于关键突破位置，特别重要，这是主力强力向上的表态。

3. 无量向上的缺口，日后回测时支撑弱，因此无量的涨停板缺口，日后反转下跌时，多无支撑，很容易跌停板下杀。

4. 空方缺口不一定有大量，缺口越大，下跌信号越明显，向下突破缺口如很大，经常就是多头的结束。

5. 股价进入有量的缺口时会多空交战，股价容易忽涨忽跌及振幅加大。

6. 高档出现的缺口越大，越要小心是竭尽缺口。竭尽缺口形成的前后几天会出现大量，后续出现量缩的小幅价涨、价平或价跌，都显示后继无力。

7. 向上或向下出现缺口，次日股价不续攻或续跌，要小心观察3日内是否回补缺口，造成多空反转。

8. 行情持续中有时会出现许多缺口，并非一定按照突破缺口、逃逸缺口、竭尽缺口的顺序发生，通常要观察价量的发展。

9. 由缺口的位置、成交量及次日表现，可以判断股票的强弱。

第2章 ▶▶▶ 缺口的支撑与压力

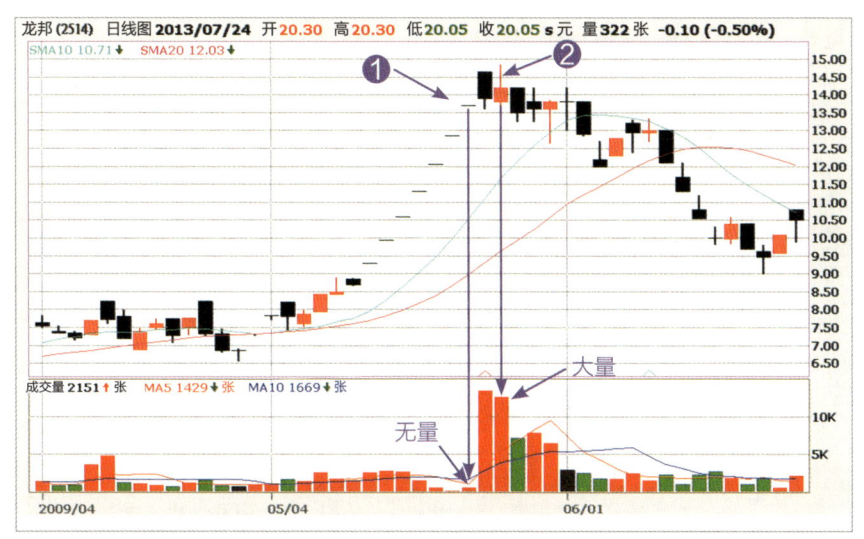

资料来源：富邦e01电子交易系统

❶ 无量上涨的连续跳空涨停板。

❷ 股价在高档爆出大量之后，股价反转下跌时多无支撑，千万不能逢低接股票。

缺口操作5大秘诀

熟悉以下操作秘诀，就能懂得运用缺口，正确掌握多空趋势。

秘诀1：缺口之上见长红

- 缺口之上见长红，必有涨幅，拉回做多。向上跳空缺口出现长红，是多头强力的表现，股价只要回跌不破缺口"上沿价"，以做多方向为主，拉回做多。

- 缺口之上见长红，后续在长红 $\frac{1}{2}$ 价之上、收盘价之下高处横盘，是强势整理，随时都会上涨。

- 缺口之上见长红，后续在长红收盘价之上横盘，是强势整理，注意发动上涨时可以追进。

- 高处强势横盘整理时，最容易发动的时间在横盘的第1、3、5、8、13日的当日或次日。

第2章 ▶▶▶ 缺口的支撑与压力

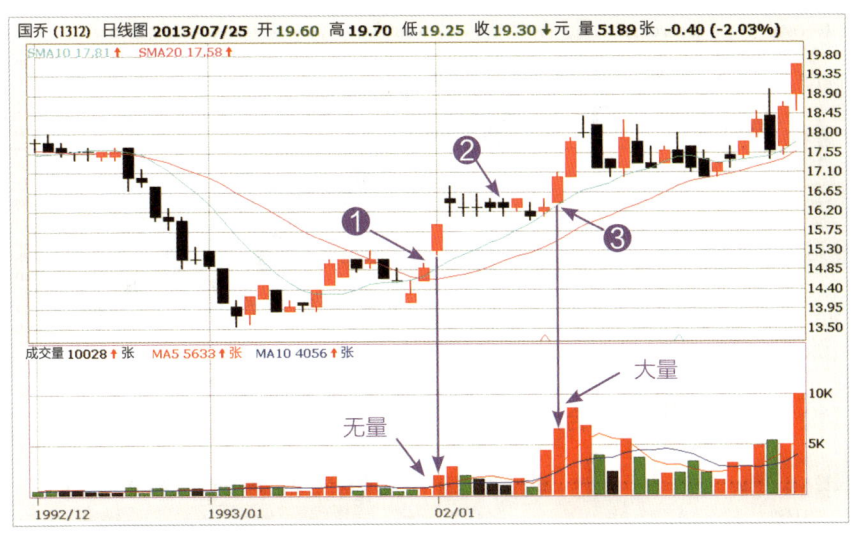

资料来源：富邦e01电子交易系统

❶ 主力打底完成当天，用大量向上跳空长红，突破前面高点。

❷ 后续股价维持在长红收盘价之上，横盘8天，为强势整理。

❸ 整理完成，第9天，主力再以大量长红K线，突破盘整，股价继续上涨。

秘诀2：缺口之下见长黑

● 缺口之下见长黑，必有跌幅，反弹做空。向下跳空缺口出现长黑，是空头强力的表现。股价只要反弹不破缺口"下沿价"，以做空方向为主，反弹做空。

● 缺口之下见长黑，后续在长黑½价之下、收盘价之上低处横盘，是弱势整理，随时都会下跌。

● 缺口之下见长黑，后续在长黑收盘价之下横盘，是弱势整理，注意发动下跌时可以追空。

● 低处弱势横盘整理时，最容易发动的时间在横盘的第1、3、5、8、13日的当日或次日。

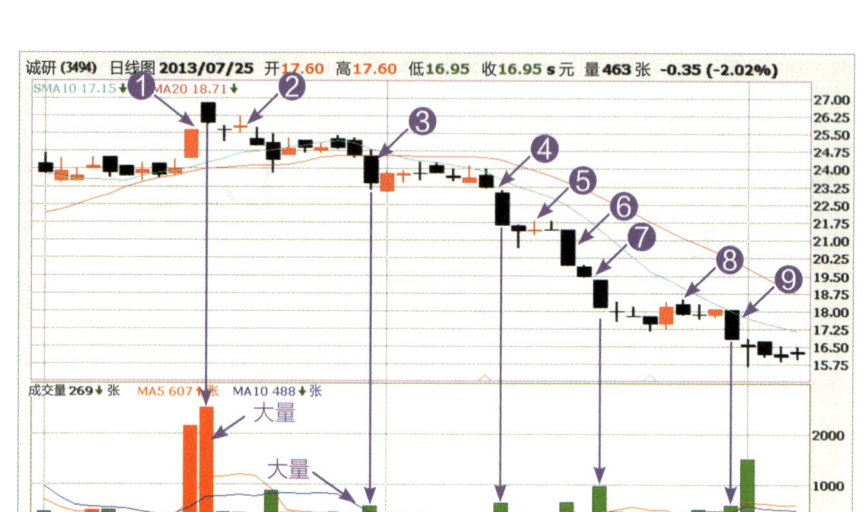

资料来源：富邦e01电子交易系统

① 高档大量向上跳空缺口。

② 第2日缺口回补，多头转弱。

③ 大量长黑K线，跌破上涨长红K线低点，多空易位。

④ 向下跳空缺口见长黑。

⑤ 连续3日在长黑收盘下面盘整，随时都会下跌。

⑥ 大量长黑K线，跌破横盘，股价继续下跌。

⑦ 向下跳空缺口见长黑。

⑧ 连续7日在长黑收盘下面盘整，随时都会下跌。

⑨ 大量长黑K线，跌破横盘，股价继续下跌。

第2章 ▶▶▶ 缺口的支撑与压力

秘诀3：何谓真封口和假封口？

- 向上跳空缺口，如果股价在近日内拉回，出现大量的实体黑K线，收盘到缺口下沿或跌破缺口下沿，称为"真封口"（回补）。

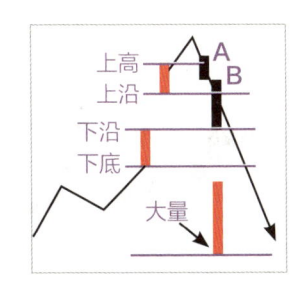

- 向下跳空缺口，如果在近日内，股价回升出现大量的实体红K线，收盘到缺口上沿或突破缺口上沿，称为"真封口"（回补）。

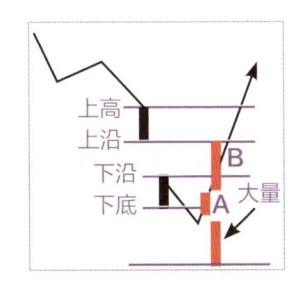

- 向上跳空缺口，回补缺口的黑K线留有长下影线，或者回补缺口呈现大量红K线或量缩，都容易是假封口（回补）。

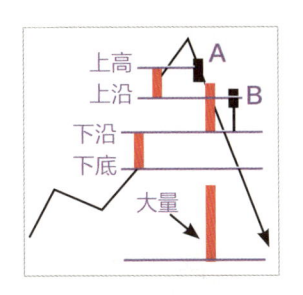

- 向下跳空缺口，回补缺口的红K线留有长上影线，或者回补缺口呈现大量黑K线或量缩，都容易是假封口（回补）。

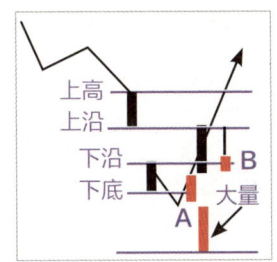

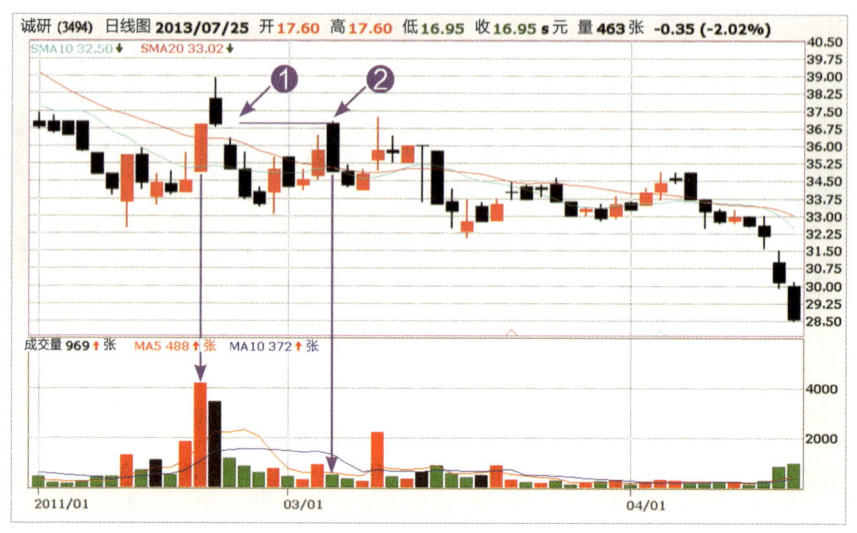

❶ 高档大量长红，股价不涨，第2天向下跳空缺口见长黑。

❷ 近日反弹，出现量缩长黑K线，封闭缺口，这是假封口，后续股价继续下跌。

秘诀4：上有缺、下有口，多空交锋走区间

● 上涨走势出现向上跳空缺口，之后上涨一段，回跌出现向下跳空缺口，股价处在上有缺口压力、下有缺口支撑的区间震荡，必须有一方的缺口被回补突破或跌破，多空才明朗。

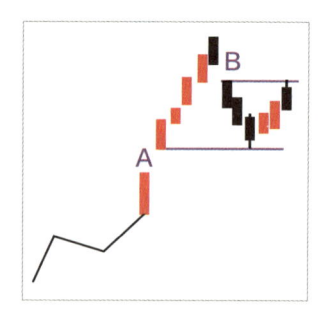

第2章 ▶▶▶ 缺口的支撑与压力

● 下跌走势出现向下跳空缺口，之后下跌一段，反弹出现向上跳空缺口，股价处在上有缺口压力、下有缺口支撑的区间震荡，必须有一方的缺口被回补突破或跌破，多空才明朗。

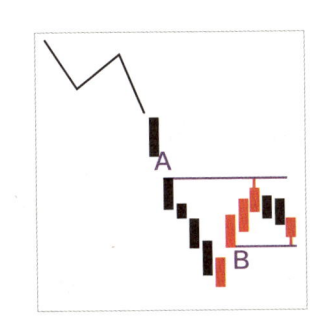

秘诀5：3日2缺口，向上要大涨、向下要大跌

● 多头打底时无论是第1只脚或第2只脚，出现上涨连3红K线，而且是2日2缺口，当底部完成，是一只强势多头股票，要锁股做多。

● 多头上涨的关键起涨位置，连续3日向上出现2个跳空缺口，是主力强力做多的宣示，只要缺口没有被回补，股价容易大涨。

● 多头上涨到高档，出现3日2缺口，同时爆大量，要特别注意股价不涨或下跌，以及向上缺口是否被回补。

● 空头做头时无论是第1个头或第2个头，出现下跌连3黑K线，而且是3日2缺口，当头部完成，是一只弱势空头股票，要锁股做空。

● 空头下跌起跌的位置，连续3日向下出现2个跳空缺口，是主力强力做空的宣示，只要缺口没有被回补，股价容易大跌。

● 空头下跌到低档，出现3日2缺口，同时爆大量，要特别注意股价容易反弹。

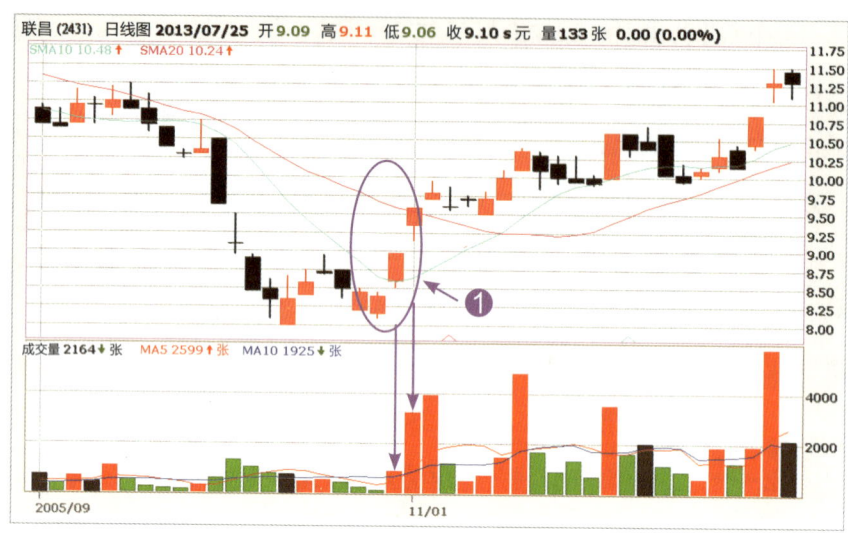

资料来源：富邦e01电子交易系统

❶ 底部打底的第2只脚出现3天2缺口带大量长红，后续是只强势上涨的股票。

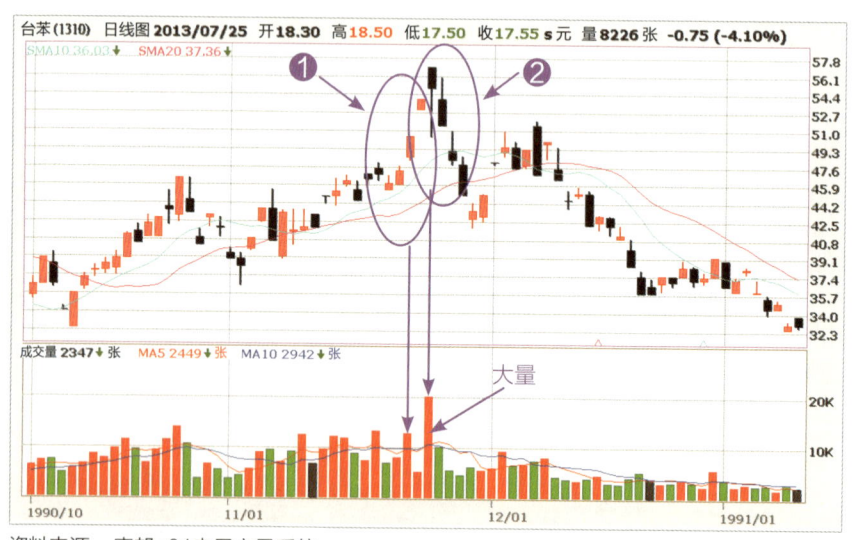

资料来源：富邦e01电子交易系统

❶ 高档出现3天2缺口大量长红，次日大量吊人线是变盘信号，注意转折向下。
❷ 高档出现3天2缺口长黑下跌，后续容易大跌。

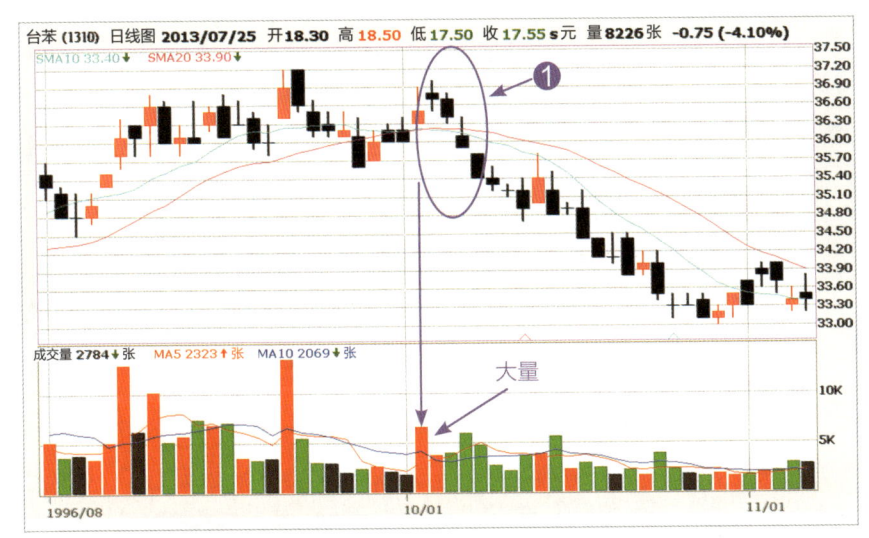

第2章 ▶▶▶ 缺口的支撑与压力

资料来源：富邦e01电子交易系统

❶ 高档头头低的第2个头出现3天2缺口长黑下跌，后续容易大跌。

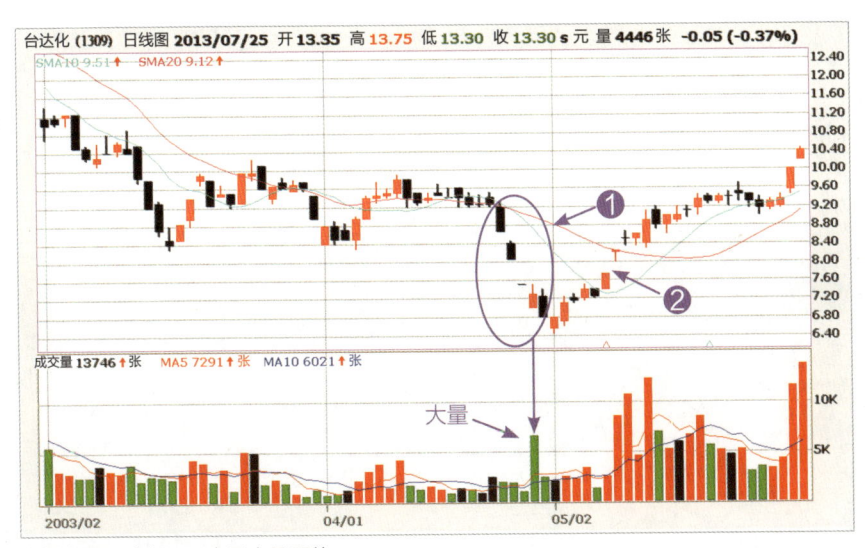

资料来源：富邦e01电子交易系统

❶ 低档出现3天2缺口长黑急跌，爆大量后容易反弹。

❷ 反转向上出现向上跳空缺口，底部形成左有缺、右有口的"岛状反转"，后续多头上涨。

第 7 篇

K线交易法

当走势呈现高角度的上涨或下跌时，使用K线交易法，是个既简单又有效率的操作方法，因此也称为"傻瓜操盘法"。

只要守纪律执行，很容易卖到短线相对高点，轻松获利入袋，同时，也能避免因人性恐慌、猜疑的情绪操作，只赚到一点点就卖掉，而丧失赚大钱的机会。

第1章 K线交易法的操作诀窍

学习K线交易法，把K线的收盘价变化当成进出的依据，并且轻松获利。

诀窍1：何时适合使用K线交易法？

- 多头上涨的强势股：上升角度45度以上走势。
- 多头上涨的飙股。
- 急涨后抢倒V形回档的急跌行情。
- 空头下跌的弱势股：下降角度45度以上走势。
- 急跌后抢V形反弹的急涨行情。

诀窍2：执行K线交易法，要注意哪些事项？

- K线交易法属于短线交易。
- K线交易法用日线操作。
- 无论进出都以收盘价确认。
- K线交易法不能用在缓涨或盘整走势。

第1章 ▶▶▶ K线交易法的操作诀窍

诀窍3：何时是多头走势的进场做多时机？

- 低档打底完成的带大量上涨红K线，股价收盘突破底部盘整上颈线时。
- 上涨途中回档后再上涨的红K线，股价突破前一日的最高点时。
- 续势盘整完毕，股价向上突破盘整的大量长红K线时。

诀窍4：多头交易的规则

- **进场：** 收盘前确认股价，突破前一日最高点时买进。
- **止损：** 进场当日K线股价的最低点（不能超过7%）。
- **续抱：** 每天收盘前检视股价，没跌破前一日最低点时续抱。
- **出场：** 收盘前确认股价跌破前一日最低点时出场。

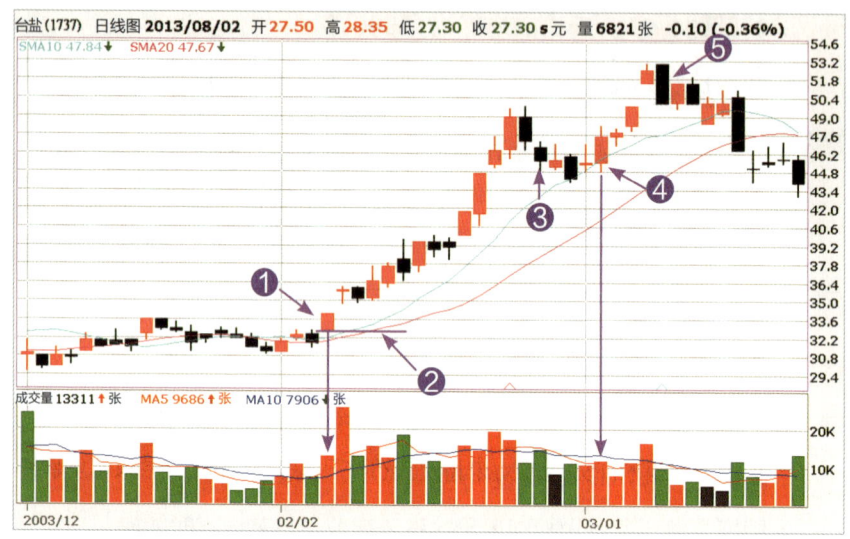

资料来源：富邦e01电子交易系统

❶ 大量上涨红K线，收盘突破前高，符合多头进场位置，做多买进。

❷ 止损设定进场红K线的最低点。

❸ 上涨中收盘没跌破前一日K线的最低点，多单续抱，一直到收盘跌破前一日K线的最低点，多单出场。

❹ 多头回档之后再上涨，收盘突破前一日最高点，符合多头进场位置，做多买进。

❺ 上涨中收盘没有跌破前一日K线的最低点，多单续抱，一直到收盘跌破前一日K线的最低点，多单出场。

第1章 ▶▶▶ K线交易法的操作诀窍

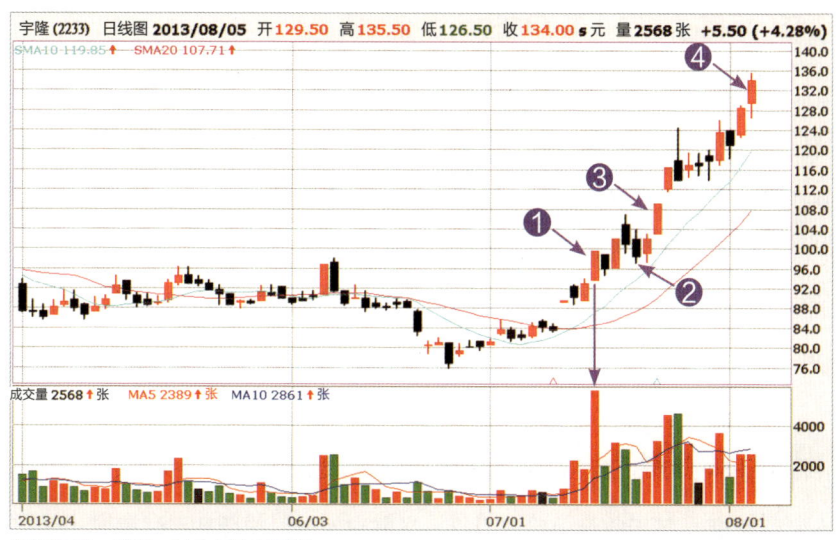

❶ 大量上涨红K线，收盘突破前高，符合多头进场位置，做多买进。止损设定进场红K线的最低点。

❷ 收盘跌破前一日K线的最低点，多单出场。

❸ 多头回档之后再上涨，收盘突破前一日最高点，符合多头进场位置，做多买进。

❹ 上涨中收盘都没跌破前一日K线的最低点，多单续抱，等到收盘跌破前一日K线的最低点，多单出场。

诀窍5：何时是空头走势的进场做空时机？

● 高档出现头部完成确认的下跌黑K线，股价收盘跌破头部盘整下颈线时。

● 下跌途中，反弹后再下跌的黑K线，股价跌破前一日最低点时。

● 下跌中续势盘整完毕，股价收盘向下跌破盘整区时。

诀窍6：空头交易的规则

● **进场**：收盘前确认股价跌破前一日最低点时放空。

● **止损**：进场当日K线股价的最高点（不能超过7%）。

● **续抱**：每天收盘前检视股价，没突破前一日的最高点时续抱。

● **出场（回补）**：收盘前确认股价，突破前一日最高点时出场（回补）。

第1章 ▶▶▶ K线交易法的操作诀窍

资料来源：富邦e01电子交易系统

❶ 大量下跌黑K线，收盘跌破头部盘整，符合空头进场位置，做空。

❷ 止损设定进场黑K线的最高点。

❸ 下跌中收盘都没突破前一日K线的最高点，空单续抱，一直到收盘突破前一日K线的最高点，空单回补。

第2章 V形反转的K线交易法

V形及倒V形反转多因急跌或急涨，造成股价急速一日反转，每次出现，都会在短时间上涨或下跌很大幅度，如果能够掌握这种机会立刻进场，就能在短时间内赚到不错的利润。

V形及倒V形反转的速度很快，许多投资人因为无法在第一时间发现并介入而错失赚钱的机会。事实上只要了解它的特性，遵守操作纪律，大胆进场、果断出场，要赚这种小飙一段的利润，实非难事。

至于交易条件，则是完全以技术面操作，属于逆势交易，必须严守止损及止盈纪律，出现任何危险信号都要立刻出场，不可拗单。另外，采用日线操作，专门锁住急跌、急涨或乖离过大的股票。

V形反转：如何抢空头急跌的反弹

买进：符合下列4个条件可以买进抢反弹

1. 急杀：连续重挫急杀3天或3天以上的长黑K线或跳空跌停，跌幅超过15%以上。

2. 爆量：下杀低档出现爆大量。

第2章 ▶▶▶▶ V形反转的K线交易法

3. 止跌： 急杀后出现下列止跌信号

- 开低走高中长红K线。
- 长下影线的K线。
- 长下影线的十字线、纺锤线、锤子线等变盘线。
- 股价先跌破昨日最低点，再上涨突破昨日最高点的吞噬红K线。

4. 过高： 止跌当天或次日收盘突破前一日K线的最高点，为反弹确认的进场位置。因为属于逆势交易，要设好止损。

止损： 止损设进场K线的最低点，最多不超过7%。

续抱： 股价未跌破上升急切线续抱，股价未跌破前一日K线最低点续抱。

出场： 可用下列3种方式止盈出场

1. 收盘跌破上升急切线的黑K线。
2. 收盘跌破前日K线最低点的黑K线。
3. 收盘跌破3日均线的黑K线。

V形反转的目标位置

空头急跌后V形反弹，目标到开始急跌的起跌点，当然这只是目标价，并非绝对会到达，因此要严守出场纪律，即使没到目标价，也一定要出场。

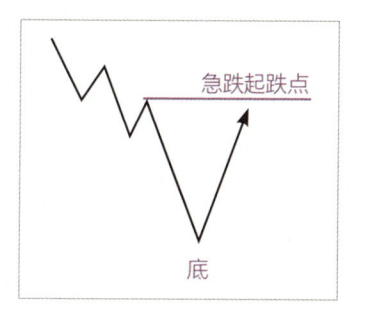

V形反转反弹后的可能走势

空头急跌后V形反弹是强力反弹，造成股价急速上涨，当反弹结束时，后续走势容易打底，要密切观察打底的形态，可以锁住下次做多的好机会。

1. 反弹结束后，回跌到打第2只脚不破前面最低点，出现底底高，回跌幅度越小，底部就越强，越容易完成多头架构的头头高。回到A点上涨最强，B点次之，C点最弱。

2. 反弹结束后，维持在高档出现横向盘整，出现头肩底形态，要密切锁股，当横向盘整结束时，出现向上突破的中长红K线（A），是做多位置，要把握机会立刻进场做多。

3. 强力反弹突破前高后才回跌，没有跌破前高的支撑，就做第2只脚中长红K线（A）上涨，确认多头，要把握机会立刻进场做多。

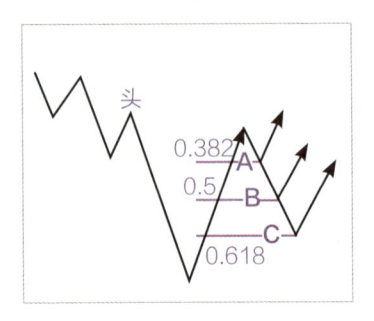

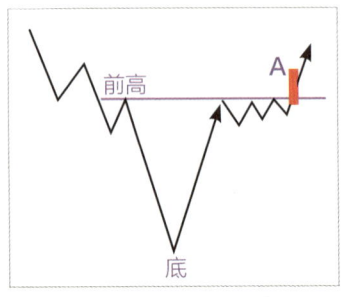

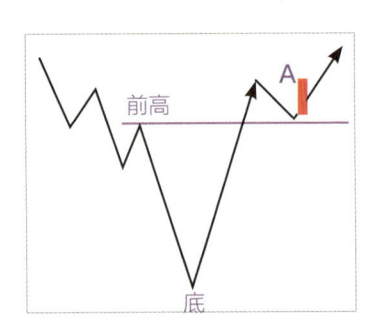

第2章 ▶▶▶ V形反转的K线交易法

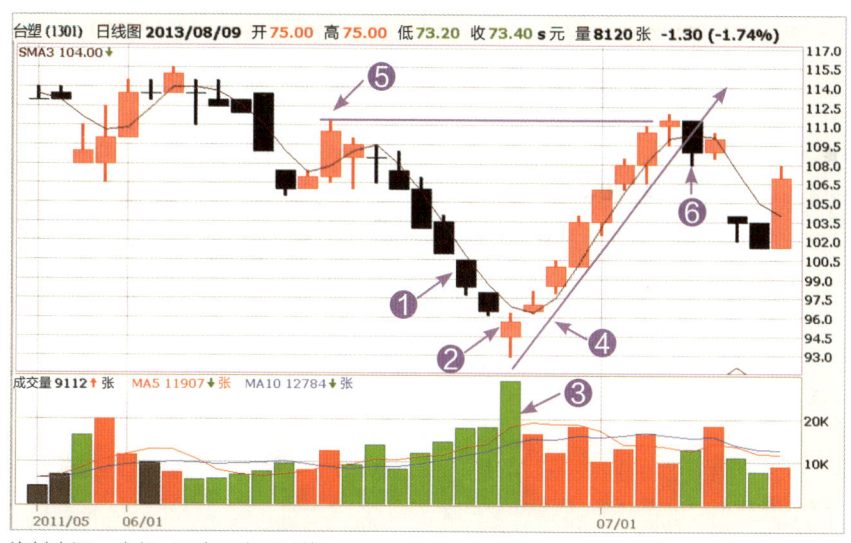

资料来源：富邦e01电子交易系统

❶ 连续3天以上的急跌黑K线。

❷ 出现止跌的红K变盘线。

❸ 同时出现大量。

❹ 收盘突破前一日K线的最高点，进场抢反弹。

❺ 反弹目标价到起跌点。

❻ 黑K线跌破上升急切线，同时跌破前一日K线最低点及3日均线，抢反弹多单出场。

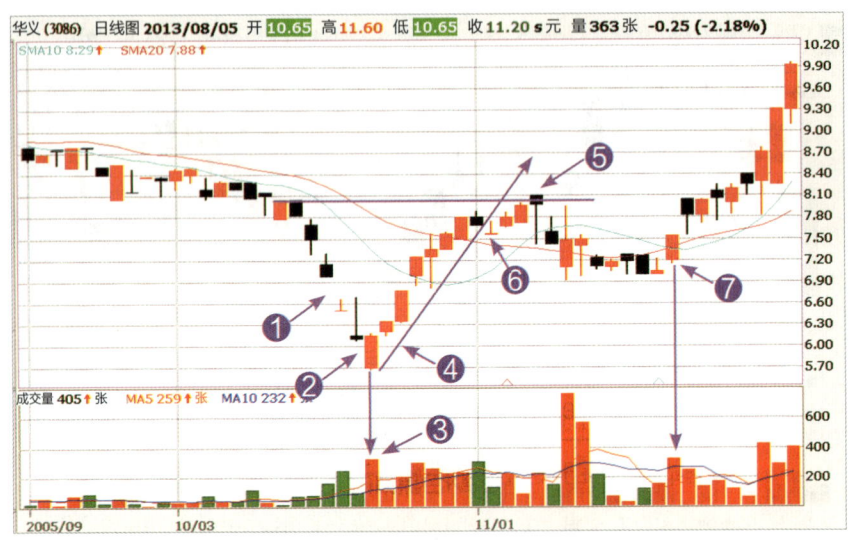

资料来源：富邦e01电子交易系统

❶ 连续4天以上的急跌黑K线跌停板。

❷ 出现止跌的长红K变盘线。

❸ 同时出现大量。

❹ 收盘突破前一日红K线的最高点，进场抢反弹做多。

❺ 目标价到起跌点。

❻ 收盘跌破上升急切线，同时也跌破前一日K线最低点及3日均线，抢反弹多单出场。

❼ 强势反弹之后回测约1/3，出现带大量长红K线上涨，开始底底高打底，锁股做多。

第2章 ▶▶▶ V形反转的K线交易法

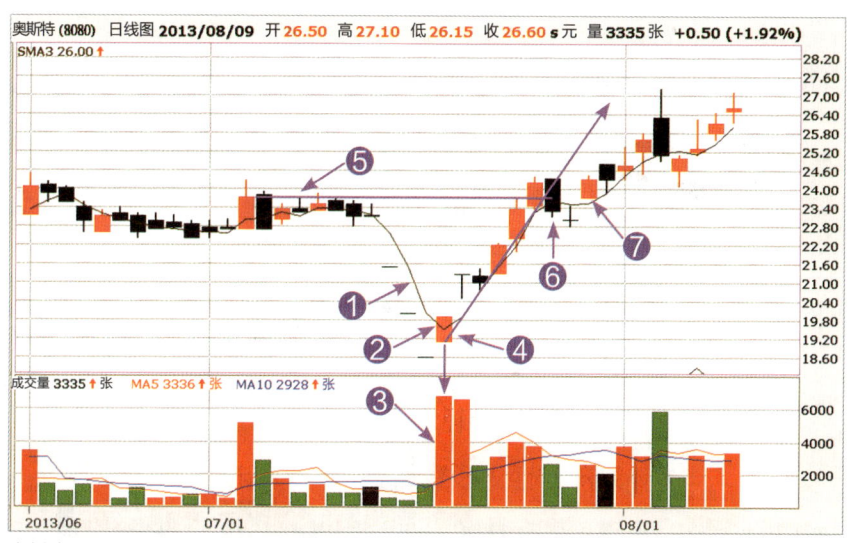

资料来源：富邦e01电子交易系统

❶ 连续3天以上的急跌黑K线。

❷ 出现止跌的红K线。

❸ 同时出现大量。

❹ 收盘突破前一日K线的最高点，进场抢反弹。

❺ 反弹目标价到起跌点。

❻ 黑K线跌破上升急切线，同时也跌破前一日K线最低点及3日均线，抢反弹多单出场。

❼ 反弹后回跌一天，次日红K线收盘过前一日最高点，多单进场做多。

V形反转未过高 容易失败

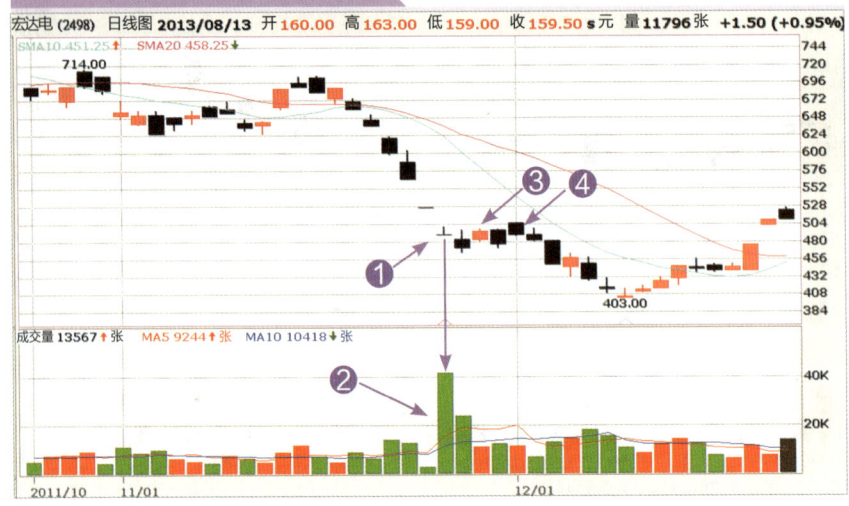

❶ 连续3天以上的急跌黑K线。

❷ 同时出现大量。

❸ 出现止跌的红K线。

❹ 连续3日收盘都没有突破前一日K线的最高点，第4个过高的条件没出现，不能进场抢反弹，后续继续下跌。

第2章 ▶▶▶ V形反转的K线交易法

资料来源：富邦e01电子交易系统

❶ 连续3天以上的急跌黑K线。

❷ 出现止跌的红K线。

❸ 同时出现大量。

❹ 连续3日收盘都没有突破前一日K线的最高点，第4个过高的条件没出现，不能进场抢反弹，后续继续下跌。

倒V形反转：如何抢多头急涨的回档

买进：符合下列4个条件可以做空抢回档

1. 急涨： 连续急涨3天或3天以上的长红K线或跳空涨停，涨幅超过15%以上。

2. 爆量： 急拉高档出现爆大量。

3. 止涨： 急涨后出现下列止涨信号

- 开高走低中长黑K线。
- 长上影线的K线。
- 长上影线的十字线、纺锤线、锤子线等变盘线。
- 股价开高走低后出现长黑吞噬K线。

4. 破低： 止涨当天或次日收盘跌破前一日K线的最低点，为回档确认的做空位置。因为属于逆势交易，要设好止损。

止损： 止损设进场K线的最高点，最多不超过7%。

续抱： 股价未突破下降急切线时续抱，股价未突破前日K线高点续抱。

出场： 可用下列3种方式止盈出场

1. 收盘突破下降急切线的红K线。
2. 收盘突破前日K线最高点的红K线。
3. 收盘突破3日均线的红K线。

第2章 ▶▶▶ V形反转的K线交易法

倒V形回档的目标位置

多头急涨后倒V形回档，目标到开始急涨的起涨点，当然这只是目标价，并非绝对会到达，因此要严守出场纪律，即使没到目标价，也一定要出场。

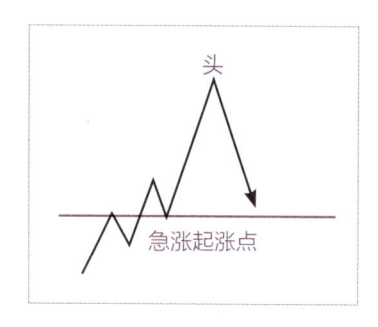

倒V形反转回档后的可能走势

多头急涨后倒V形是急速回档，造成股价下跌，当回档结束时，后续走势容易做头，要密切观察做头的形态，可以锁住下次做空的好机会。

1. 回档结束后上涨打第2个头，没突破前面最高点，出现头头低，上涨幅度越小，头部就越强，越容易完成空头架构的底底低。回到A点下跌最强，B点次之，C点最弱。

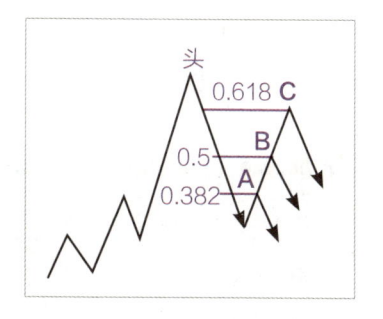

2. 回档结束后，维持在低档出现横向盘整，出现头肩顶的形态，要密切锁股，当横向盘整结束时，出现向下跌破的中长黑K线（A），是做空位置，要把握机会立刻进场做空。

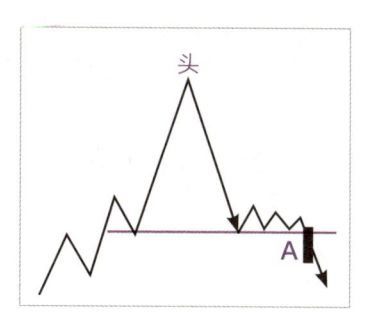

325

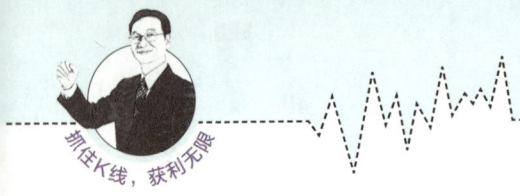

3. 强力回档跌破前低后才上涨，回升没有突破前低的压力，就做第2个头中长黑K线（A）下跌，确认空头，要把握机会立刻进场做空。

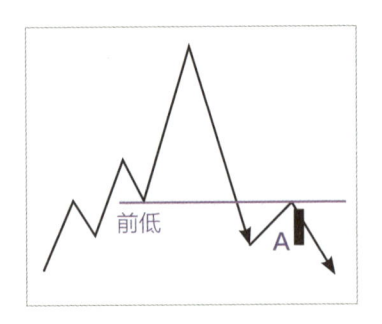

资料来源：富邦e01电子交易系统

❶ 连续3天以上的急涨红K线。

❷ 同时出现大量。

❸ 出现止涨的黑K线，同时跌破前一日红K线的最低点，做空抢回档。

❹ 倒V形反转回档的目标价为前面的起涨点。

❺ 长红K线突破下降急切线，突破前一日K线最高点及3日均线，空单回补。

❻ 急跌回档后在低档右边盘整做右肩，黑K线跌破，头肩顶形态完成，做空。

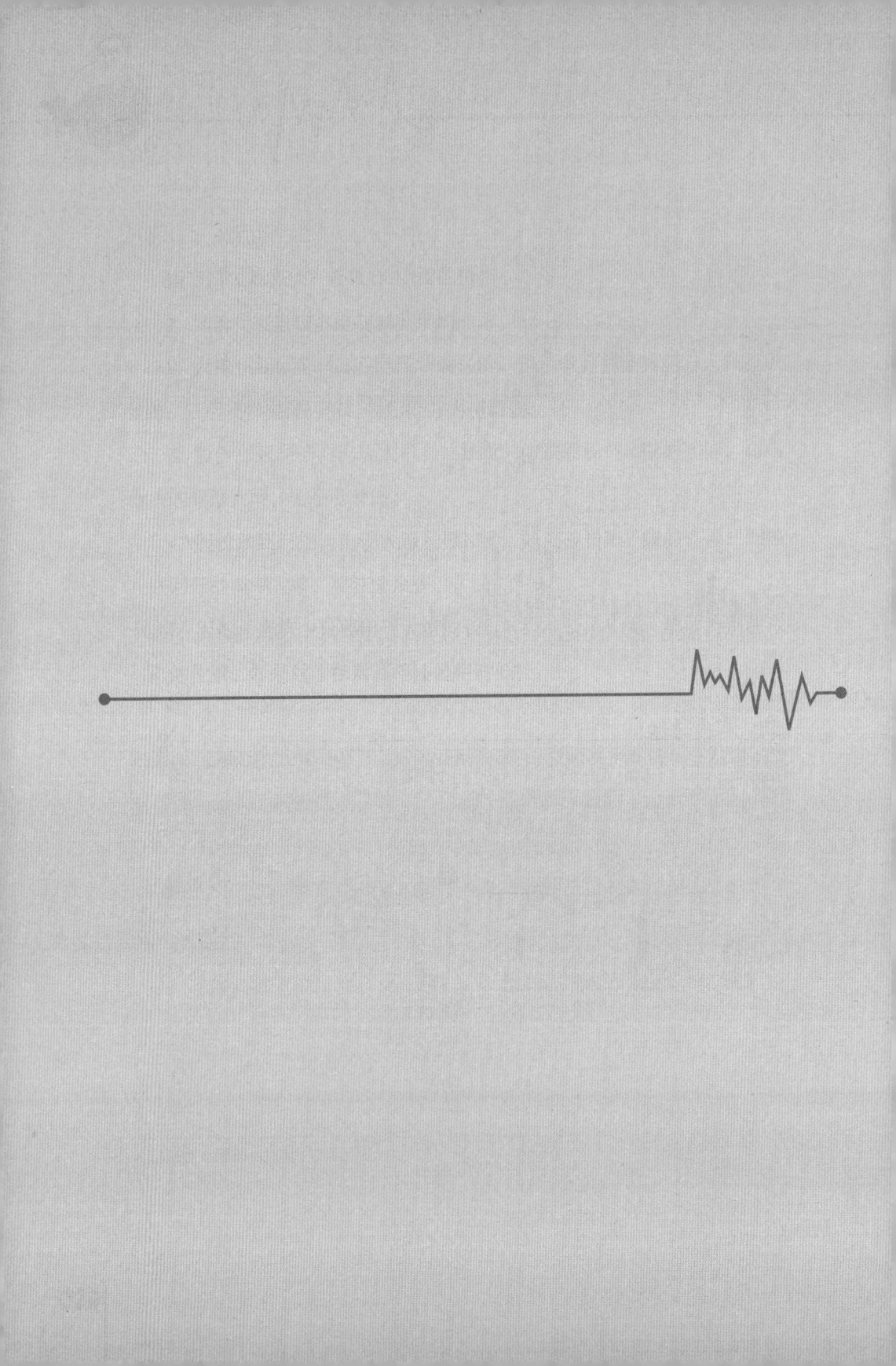